绿洲城市发展与水资源利用模式选择

唐　宏　杨德刚　乔旭宁
冉瑞平　夏富强　黄　凤　　著

中国科学院知识创新工程重要方向项目（Y00Q0600SB）
教育部人文社会科学研究青年基金项目（13YJCZH140）
四川省农村发展研究中心
四川省社会科学高水平研究团队"四川农村资源市场化"　　　共同资助
河南省高校科技创新人才支持计划（教社科〔2015〕70号）
四川省哲学社会科学研究规划项目（SC13E097、SC14C027）

科 学 出 版 社

北 京

内 容 简 介

本书基于全球城市发展加快诱发的水危机、中国快速城市化面临的水问题、干旱区城市发展面临严峻的缺水挑战等大背景，运用遥感与 GIS、社会调查、数理统计等多种方法，提出了城市发展与水资源利用相互关系的研究框架，分析了绿洲城市发展与水资源利用的动态演变过程，通过构建综合测度体系与评价模型，探讨了城市发展与水资源开发利用的交互耦合关系与相互影响机理。在 Vensim 软件支持下，构建系统仿真模型，设置不同城市发展方案和供用水方案，对城市发展的水资源需求进行多情景模拟，并探讨水资源总量控制下的城市发展，对城市发展模式与水资源开发利用模式进行优化选择。

本书可供地理学、生态学、生态经济、水资源管理等相关专业的科研人员、高校教师和研究生参考。

图书在版编目(CIP)数据

绿洲城市发展与水资源利用模式选择 / 唐宏等著 . —北京：科学出版社，2016.3

ISBN 978-7-03-047425-4

Ⅰ.①绿… Ⅱ.①唐… Ⅲ.①绿洲-城市-发展-研究报告-中国 ②城市用水-水资源利用-模式选择-研究-中国 Ⅳ.①F299.21 ②TU991.31

中国版本图书馆 CIP 数据核字（2016）第 040255 号

责任编辑：周 炜 张晓娟 / 责任校对：桂伟利
责任印制：张 倩 / 封面设计：迷底书装

科 学 出 版 社 出版
北京东黄城根北街 16 号
邮政编码：100717
http://www.sciencep.com

中国科学院印刷厂 印刷
科学出版社发行 各地新华书店经销

*

2016 年 3 月第 一 版 开本：720×1000 1/16
2016 年 3 月第一次印刷 印张：12 1/4
字数：247 000

定价：88.00 元

前　　言

  城市作为区域系统的核心，是实现可持续发展的关键所在。随着经济全球化和城市发展进程的加快，城市经济与资源、生态、环境的关系越来越受到社会的广泛关注。我国的城市发展呈现快速扩张的趋势，在社会经济发展的同时，人口、工业、建筑的高度集中也带来一系列生态环境问题，城市化所引发的问题已逐步显现。水资源作为人类生存和社会经济发展的物质基础，是不可替代的重要自然资源，随着人口增长与社会经济的发展，可供人类利用的水资源日益短缺。水资源短缺已成为世界广大地区面临的重大问题，也成为社会经济可持续发展的重要制约因素。

  本书将研究焦点集中在干旱区绿洲城市发展与水资源开发利用的关系上，选择干旱区典型绿洲城市——乌鲁木齐市作为研究区，构建了研究理论框架、综合测度指标体系、协调发展模型和可持续发展模型，系统分析了干旱区绿洲城市发展与水资源利用的动态演变过程，综合利用层次分析、灰色关联等方法，从单指标、综合指标多角度、全面分析了城市发展与水资源开发利用的相互耦合关系，总结了城市发展与水资源开发利用的相互影响。构建了多情景、多目标系统仿真模型，综合考虑不同的城市发展方案、供水方案和用水方案，并加入供水系统中的调水量指标和用水系统中的工业、农业用水定额的变化，探讨了不同情景下乌鲁木齐市的水资源理论需求量与理论供需差额，为乌鲁木齐市实施节水措施、调整用水结构、优化产业结构提供了科学依据。对干旱区绿洲城市发展与水资源利用的双向调控与优化进行研究，探讨了可供应水资源条件下社会经济发展的支撑能力，提出了城市发展的适宜速度和适宜结构，并对未来乌鲁木齐市发展提出了具有操作性的建议。研究成果将为绿洲城市可持续发展研究提供重要的参考，也为社会经济发展决策和城市水资源供给提供支撑依据，同时，促进了城市社会经济的持续发展和水资源的优化配置与合理利用，对于维护干旱区绿洲经济、社会和生态环境的可持续发展具有重要的理论和现实意义。

  本书是以中国科学院知识创新工程重要方向项目"新疆典型绿洲可持续人地系统演变模拟与决策支持系统研究"（Y00Q0600SB）为基础，在项目成果"乌鲁木齐城市发展与水资源利用多情景分析与模式选择"的基础上修改而成的。本书的研究计划、写作大纲制定、研究方案实施及统稿由唐宏（四川农业大学）完成，杨德刚（中国科学院新疆生态与地理研究所）在选题、构思、写作、修改和定稿过程中付出了大量心血，乔旭宁（河南理工大学）、冉瑞平（四川农业大学）、夏富强（中国科学院新疆生态与地理研究所）、黄凤（四川农业大学）参与撰写了部分章节内容，并对本书进行了多次修改。

　　本书的调研与数据搜集得到了新疆维吾尔自治区乌鲁木齐市水利局的大力支持，研究过程中得到了中国科学院新疆生态与地理研究所张新焕副研究员和张豫芳博士、国家开发银行新疆分行刘佳博士、山西师范大学张仲伍副教授等的大力帮助。中国科学院新疆生态与地理研究所人文地理学专业研究生汪菲、张文彪、夏文进、陈大波、尹晶晶等，在实地调研与数据分析中付出了艰辛的劳动，四川农业大学管理学院土地资源管理专业硕士研究生马历、农林经济管理专业本科生汤小波、吴越、魏春花等在后期的文字校对及排版等方面做了大量工作。中国科学院新疆生态与地理研究所张小雷研究员、陈曦研究员、李兰海研究员，中国科学院新疆分院董云社研究员，新疆师范大学焦黎教授、楚新正教授，新疆财经大学高志刚教授等对本书的设计与书稿的完成提出了宝贵的意见和建议。在此，对关心、帮助和支持本书出版的所有人员表示衷心感谢！

　　同时，感谢中国科学院知识创新工程重要方向项目（Y00Q0600SB）、教育部人文社会科学研究青年基金项目（13YJCZH140）、四川省农村发展研究中心、四川省社会科学高水平研究团队"四川农村资源市场化"、河南省高校科技创新人才支持计划（教社科〔2015〕70号）、四川省哲学社会科学研究规划项目（SC13E097、SC14C027）对本书完成和出版的资助！

　　由于作者水平有限，书中难免存在不足之处，敬请读者批评指正。

唐　宏

2015 年 11 月于四川成都

目 录

第1章 绪 论

1.1 研究背景与意义

水资源是人类生存和社会经济发展的物质基础,但随着社会经济的快速发展,水资源短缺严重影响了社会经济的可持续发展。水资源问题制约着城市的可持续发展,城市发展也对水资源造成了较大影响,城市发展与水资源开发利用的协调关系到城市的经济发展与社会稳定。我国是一个缺水的国家,水资源分布的时空不均衡更加剧了缺水程度,西北干旱地区水资源尤为紧缺,生态环境脆弱,城市发展过程中受到了水资源短缺和生态环境恶化的多重胁迫,水资源成为绿洲城市发展的重要约束条件,二者的协调关系到城市的健康持续发展。

新疆地处我国西部,是典型的内陆干旱区,水资源总量有限且分配严重不均,干旱区中水系发达、水资源较为集中的区域形成绿洲,成为干旱区社会经济发展的核心区域,形成了特色鲜明的绿洲经济区。而由于人口快速增长、经济活动频繁、社会发展的需要导致农牧生产规模不断扩大,工业化步伐加快,绿洲水土资源利用强度较大,出现了水土资源分配不均、利用不合理的现象,土地沙化、草场退化等问题凸显,资源与生态环境矛盾加剧。全球气候变化下,干旱区人地关系也面临着重大变化,尤其是绿洲赖以生存的水资源变化尤为明显,区域可持续发展面临严峻挑战。随着城市化进程加快,城市可持续发展中的消极面也不断出现,城乡二元结构更加显现,区域发展中的各方面协调问题亟待解决。

乌鲁木齐市是经济高速发展、人口密集的特大城市,也是典型的干旱缺水城市。国家西部大开发战略的实施,以及天山北坡经济区被纳入到国家重点发展战略,决定着乌鲁木齐市将进入大规模开发和建设的新时期,人口与环境、经济与发展都对乌鲁木齐市的水资源开发利用提出了更高要求。近年来,乌鲁木齐市水资源严重衰竭,水污染加剧,使水资源环境容量和承载能力大大降低,严重制约了社会经济的可持续发展。

本书将乌鲁木齐市作为绿洲城市的典型区域,评价乌鲁木齐市水资源开发利用现状和面临的问题,分析城市发展与水资源开发利用的关系、相互影响因素与机理,构建以水资源为主线的绿洲城市可持续发展的系统模型,分析评价新疆典型绿洲可持续发展状态,并对未来城市发展与水资源利用进行多目标情景分析,以此为基础对乌鲁木齐市城市发展模式与水资源开发利用模式进行优化选择。这有助于促进区域水资源的优化配置与合理利用,实现绿洲城市的健康持续发展。

1. 理论意义

城市化和水资源是一个涉及人口、社会、经济和资源、生态、环境的复杂系统,由于城市化和水资源变化本身都各自遵循不同的发展规律,二者交互耦合在一起,相互作用规律更加复杂。在城市快速发展的阶段,这一复杂系统将发生剧烈变化。因快速城市化而导致城市规模接近或超过水资源承载力,使水资源系统不堪重压,从而导致水资源系统产生的延缓或阻碍城市发展进程的约束力不断增大。探讨这种约束力的形成机理、作用机制及影响因素等,是继水资源承载力和水资源压力研究以后,水资源科学的又一重大理论研究领域,也是缺水地区城市化动力机制研究中的重要领域之一,对实现缺水地区水资源可持续利用与城市化正常推进具有重要的理论意义。它不仅是对水资源承载力和水资源压力研究不足以涵盖水资源系统与社会经济系统之间相互作用的进一步深化和有益补充,而且有助于拓展宏观增长经济学研究,将水资源作为经济发展的内生变量,同时考虑到水资源约束已成为社会经济发展的重要外营力,从而修正传统的宏观经济增长模型,为实现干旱区可持续发展提供理论与决策依据。

2. 实践价值

城市化是全面建设小康社会、构建社会主义和谐社会和实现现代化的必由之路。在西部大开发战略实施过程当中,必须坚持城镇化战略——以线串点、以点带面(刘卫东等,2003),统筹城乡和区域协调发展。而在干旱区快速城市化进程中,水资源是联系社会经济和生态环境的纽带。由于人口城市化、经济城市化、空间城市化和社会城市化对有限水资源带来巨大压力,必然造成水资源对城市化的强力约束。如何在顺应城市化发展和水资源利用自身规律的基础上,使水资源对社会经济发展和城市化进程的强力约束逐渐得到缓解,是干旱区当前及今后相当长时期内面临的重大课题和艰巨任务。选择乌鲁木齐市为典型区,探讨干旱区绿洲水资源对城市化的约束机制、约束强度及其变化过程和变化趋势,旨在寻求合理的水资源开发利用模式与城市发展模式,进而为干旱区可持续发展提供决策依据。

1.2 国内外研究现状述评

水资源与城市发展相关的问题得到了国内外学者的广泛关注,水资源可持续利用、社会经济可持续发展、水土资源优化配置等成为研究的重点。水资源利用与城市发展的研究涉及多方面的内容,本书主要从城市发展、水资源开发利用、城市发展与水资源开发利用的关系三方面入手,通过查阅国内外相关文献,全面了解干旱区水资源开发利用与城市发展相互关系的基本理论与最新研究进展,并在此基础上,就国内外城市化与水资源利用关系进行研究综述。

1.2.1 城市发展相关研究

城市是人类社会发展的必然产物,也是最为复杂的生态系统类型,具有开放性、依赖性、脆弱性、复合性等特点,极易受到人为因素和自然条件的干扰(董林,2006)。随着城市发展和社会进步,城市化成为当今世界最重要的社会经济现象之一,是国家走上现代化道路的必然过程,也是衡量其现代化水平的重要标志(仇保兴,2004)。国内外学者从社会学、人口学、经济学、地理学和生态学等多个领域对城市发展进程进行了广泛而深入的研究。

1. 城市发展的内涵与理论

学者们从不同角度对城市发展的内涵提出了不同见解。我国学者对城市发展的理解与研究受人口学的影响较大,早期一般都把城市化界定为农村人口向非农产业的转移(赵元笃,2003)。随着近年来对城市发展研究的深入,学者们对城市发展的理解更为全面,认为是"伴随工业化和现代化而产生的一种现象,是指在工业化和现代化过程中,农业人口逐步转变为非农人口、农村居民逐渐转变为城镇居民、农村地域逐渐转变为城镇地域、农业社会转变为城市社会的经济社会发展过程"。

不同学者对城市发展研究的角度不同,其中,城市化、工业化等成为相关研究的主流。对工业化和城市化(Lewis,1989)、城市化与产业结构、人均 GDP、工业化阶段(Chenery,1988)等的研究,是城市发展研究的重要里程碑。周一星(1995)关于城市化指数与经济发展指数的相关性研究,成为我国城市发展研究的代表。蒙荫莉(2004)采用产业结构和社会结构测度了中国综合城市化水平,王慧(1997)和李爱军等(2004)采用人口、经济、社会、空间和居住环境等因子所构成的综合指数,分别以江苏省和陕西省为例,测度了城市发展水平。从现有测度方法看,人口比例指标主要用于反映城市化量,而综合指标主要用于反映城市化质(张同升等,2002),但由于城市和城市人口的定义没有统一标准,人口城市化也仅是城市发展的一个方面,综合测度指标的研究则不够成熟,在指标选择和计算方法上没有统一标准,二者在度量城市化水平时都存在较大的局限性。

城市发展是动态演化的过程,城市发展理论也在不断更新完善,学者们对城市发展规律的认识不断深化,表现出从区位论、结构论、人口迁移论、非均衡增长论到生态学派理论的演进(王新文,2002)。区位论主要包括农业区位论、工业区位论、中心地理论等;结构论包括 Lewis 二元经济结构理论、Lewis-Ranis-Fei 模型、Jogenson二元经济模型、Todaro 劳动力迁移和产生发展模型、Schultz 农民学习模型、Chenery 就业结构转换理论;人口迁移论包括推-拉理论、人口迁移转变假说、Petty-Clark 定理;非均衡增长论包括 Perroux 增长极理论、Friedman 中心-边缘理论、Myrdal 循环累积论、Hirschman 非均衡增长理论;生态学派理论包括田园城市论、古典人类生态学论、有机疏散论、城市复合生态系统论、山水城市论等。

2. 城市发展阶段与动力机制

城市发展阶段性的研究有助于认识城市发展规律、预测城市发展水平,许多学者对此都进行了广泛而深入的研究。美国地理学家 Northam(1975)对世界各国城市化发展轨迹进行了研究,将城市化进程概括为一条稍被拉平的 S 形曲线,将其分为初期(<30%)、中期(30%~70%)和后期(>70%)三个阶段,并总结了各阶段人口流动、职业构成、产业结构、城市化水平等的特点和判定标准,成为城市发展阶段划分的经典。王小鲁(2000)、郑宇和冯德显(2002)从城市空间本身扩张的角度,将城市化分为早期城市化(城市人口集聚和增加)、郊区城市化(郊区人口增长)、逆城市化(城市圈人口减少)和大都市带(相邻若干个城市融合)四个阶段。国内多数学者将上述理论应用于我国城市化进程的研究,认为自新中国成立以来,我国城市发展大致经历了恢复和快速发展阶段(1949~1957 年)、不稳定阶段(1958~1965 年)、停滞阶段(1966~1977 年)和正常发展阶段(1978 年至今)四个阶段(梁勇,2005),并在 1996 年开始进入城市化中期阶段(陈波翀等,2004),这些研究深化了城市发展阶段性的规律。

国外学者对城市规模的重要性及不同城市规模的利弊做了大量研究(Capello and Faggian,2002),综合分析不同城市发展道路的利弊,并提出城市发展多元论及走大、中、小城市相结合的道路。周一星(1995)则提出不存在某种最佳城市规模的观点。特定区域的具体城市发展模式和不同阶段的城市发展路径选择,也成为城市发展研究的焦点(McGee,1991;Martin et al.,2003;Cheng and Masser,2003;方创琳和李铭,2004)。

城市发展的动力机制也一直是各国学者的研究重点。城市(工业)的拉力和乡村(农业)的推力是城市发展的基本驱动因素,城市发展受到区域资源条件、地理环境、政策、对外开放、外资的利用、大中城市的扩散和农民主体的行为等内力和外力的共同作用(许学强等,2001)。

金东海等(2004)比较系统地分析了城市发展的内外营力系统,认为城市发展的外营力包括驱动力(城市化需求拉力和外界对城市化要素供给推力)、支撑力(资源与环境基础力)和阻滞力(城市化系统与资源环境基础之间的摩擦力),内营力系统包括城市化压力(城市化过程中系统运行速度和规模对资源环境基础所产生的需求)、拉力(系统内各城市化要素变化的协调促进能力)和阻力(各要素变化的矛盾与制约能力),并建立"爬坡"模型对内外营力之间的相互关系进行分析,为研究城市发展动力机制提供了很好的思路。

3. 干旱区城市发展研究

西北干旱区城市化进程受到水资源短缺及用水结构不合理的双重约束。对水资源约束下的西北干旱区城市化进程,方创琳等(2004,2005)、鲍超和方创琳(2007)做了较多研究,针对总需水量阈值、经济总量阈值、总人口阈值和城市化水平阈值分析了城市化水平与水资源利用关系,探讨了与水资源约束相适应的多种城市化发展模式。

新疆城市规模和结构受到多位学者关注,新疆生态与地理研究所多位学者对新疆城市发生发展、空间分布、城市体系等进行了全面的研究,董雯等(2006)采用灰色系统模型等对新疆小城镇2010年、2015年和2020年的总人口进行了预测。杜宏茹和张小雷(2005)研究表明绿洲城镇的集聚能力显著增强,呈现进一步极化的趋势,刘海隆等(2008)研究了新疆交通可达性对区域经济的影响,李春华等(2003)对新疆城市化的特点进行了分析,其他学者也从不同角度对新疆城市发展进行了研究(阚耀平,2001;杨德刚等,2001;吕宾和张小雷,2002;雷军等,2004)。

1.2.2 水资源开发利用相关研究

水资源是一种独特的自然资源,具有自然、环境、经济和社会属性,还具有时间维上的可再生性(刘昌明和王红瑞,2003;成立和刘昌明,2000)。国内外关于水资源的研究,内容极其丰富,涉及生态、环境、经济、社会、政治等各个领域,以全球变化下水循环的自然过程对水资源系统的影响和人类活动及社会经济系统水循环对水资源系统的影响为研究重点。这里主要从水资源承载力与压力、水资源管理与优化配置、水资源可持续利用等方面对水资源开发利用相关研究进行综述。

1. 水资源承载力与压力

水资源承载能力是决定社会经济发展速度和规模的条件之一,其对社会经济发展的重要影响引起国内外众多学者关注。国外对水资源承载力的研究相对较少,国内相关研究始于 20 世纪 80 年代中后期,有学者提出了水资源承载力的概念,其本质是有限水资源条件下人类社会经济增长的阈值界限(Xia and Chen,2001),研究区域主要是西北干旱区和华北等缺水地区。很多学者对我国西北干旱区及典型城市的水资源承载力进行了测算与趋势分析(许有鹏,1993;王建华和江东,1999;徐中民,1999;施雅风和曲耀光,2000;薛小杰等,2000;王煜等,2001;朱一中等,2002,2003;贾绍凤等,2004b;王浩等,2004a;朱一中,2004),将常规趋势法、模糊综合评判法等运用其中,并建立了水资源承载力的评价模型。水资源承载力的评价指标体系、理论与模型方法在干旱地区得到了较为广泛的应用,为认识干旱区水资源及其开发利用对城市社会经济发展的支撑作用及支撑机理奠定了良好的研究基础,已成为城市发展和水资源关系的重要研究内容之一。但由于水资源承载力的概念和内涵界定较为模糊,没有形成完整的理论体系,其评价指标体系和量化方法等还不够完善(龙腾锐和姜文超,2003),在研究中存在着一些问题。

在对水资源承载力进行研究的同时,城市社会经济系统对水资源系统的压力也得到学者的关注,水资源压力的内涵和机制、水资源压力的评价指标体系和评价模型成为当前水资源研究领域的热点。人均水资源量和水资源开发利用程度是表征水资源压力的重要指标,可以衡量和反映区域的水资源短缺程度和安全程度。水质、供水能力等也成为反映区域水资源压力的重要指标(贾绍凤等,2002)。水资源压力的评价指标体系和相应的评价方法在干旱地区得到广泛应用(郎一环和王礼茂,2002;Savenije,2000)。Caroline(2002)提出了水贫困指数的计算方法,Eran 和 Jonathan(2002)提出结构性缺水指数。我国学者对水资源问题进行宏观分析,采用综合评价方法对我国各省市进行了缺水程度及缺水类型的划分(王晓青,2002),提出了立足于现状供水能力、区域水资源承载能力和外流域调水为基础的三次平衡度量(王浩等,2003),从水资源需求角度将水资源压力分为水资源数量压力、经济水资源压力和水环境压力(韩宇平和阮本清,2002),认为水资源压力产生的主要原因有资源型缺水、工程性缺水、结构性缺水、水质性缺水和管理性缺水五类(朱照宇等,2003),并提出了相应的解决对策(张光辉等,2003)。水资源人口压力、生态压力、经济发展压力指数的计算也被用于探讨我国水资源压力的区域差异(吴佩林,2005)。徐中民和龙爱华(2004)则引入社会适应性能力概念,将水资源压力及稀缺评价问题拓展到社会经济领域,强调社会资源在水资源稀缺评价中的作用。许多学者还对水资源短缺和水环境恶化的损失评价进行了尝试(Dandy,1992;方国华等,2004;李永根,2004),但主要集中在直接损失上,间接损失难以进行有效衡量。

2. 水资源优化配置与管理

长期以来,水资源优化配置就是水资源研究领域的热点和难点,是实现水资源可持续利用的必要手段。目前,国内外关于水资源优化配置的研究逐渐趋于成熟(鲍超,2004),研究对象、研究方法和研究手段都更为丰富,相关理论也逐渐成熟。水资源优化管理是实现社会经济、生态环境协调发展的核心,是保障水资源优化配置方案得以顺利实施的重要举措(Shangguan et al.,2002),得到了较高重视(Bernardo et al.,1993a,1993b;Bertrand et al.,2000;李晶和宋守度,2003)。水资源管理主要涉及水价、产权制度、法律法规等方面的内容(梁勇,2005),水资源管理模式逐渐由传统的以"供给管理"为核心向以"需求管理"为核心转变(Matondo,2002;Mwendera et al.,2003)。从现有的研究成果看,水资源优化配置与管理的主要手段有:强调流域水资源综合管理及其制度的建设(Adil,1999;Matondo,2002)、强调社会经济增长方式转变与节水型社会的建设(汪恕诚,2003a,2003b;鲍超和方创琳,2006)、实施虚拟水战略(程国栋,2003;徐中民等,2003;刘宝勤等,2006)和实施流域水资源开发、社会经济发展与生态环境保护合作(方创琳,2002;张宁,2005)。

水资源优化配置与管理在干旱地区尤为重要,其评价方法和研究手段得到了广泛运用。学者们对干旱区水资源分布和利用状况进行了空间分析与评价(王永兴和陈曦,2003),并针对干旱区流域和水资源分布的特点及存在的主要问题,提出了水资源管理的量化研究框架和基于模拟与发展综合指标测度的可持续水资源管理量化研究方法(左其亭和陈曦,2003;左其亭等,2006),并基于水资源可持续利用的要求,提出了水利发展的方向、水资源合理配置的主要任务和在宏观、中观、微观等不同层次实现水资源合理配置的框架结构(王世江,2006)。

3. 干旱区水资源可持续利用

基于干旱区水资源开发利用对城市发展和生态环境的约束与驱动作用,水资源开发利用的合理阈值、生态环境需水和可持续利用的相关研究成为领域的热点问题。

国际上一般以40%作为流域水资源开发利用的警戒线,而西北内陆干旱区生态环境和社会经济耗水以各占 50％为宜(钱正英等,2004),以避免流域的生态系统退化。国内部分学者也提出了河流生态系统合理生态用水比例的概念、湖泊和地下水合理生态水位的概念以及合理生态用水的阈值区间,并提出了不同的计算方法(占车生等,2005;陈永金等,2006;汪秀丽,2007;李新虎等,2007)。其中,生态环境需水是研究水资源与生态环境之间相互作用与关系的核心,国内外学者已从理论、方法与实践等多个层面对生态环境需水进行了大量研究(王芳等,2002;杨志峰等,2003;陈敏建等,2004;程国栋和赵传燕,2006)。

水资源可持续利用是一个反映区域水资源状况(包括水质、水量、时空变化等)、开发利用程度、水资源工程状况、区域社会-经济-环境与水资源协调发展、近期与远期不同年份对水资源分配竞争、地区之间水资源的受益差异等多目标的决策问题(宋松柏等,2003),大量学者进行了广泛的研究探讨。陈家琦和刘昌明(1997)对水资源持续利用的原理、定义与内涵进行探讨,冯尚友和刘国全(1997)提出了水资源可持续利用的框架,夏军(2002)对可持续水资源系统管理进行了研究与展望。水资源可持续利用评价是其中的核心问题之一,主要是对水资源可持续利用的能力和协调状况进行评判(刘恒等,2003),其关键在于建立合理的评价指标体系、选择有效的评价方法。不同学者分别探讨了模糊识别方法(王本德等,2004)、模糊物元模型(潘峰等,2003)、层次分析法(金菊良等,2004)、属性识别方法(门宝辉和梁川,2002)等在水资源可持续利用综合评价中的应用,对区域水资源可持续利用评价指标体系进行了探讨(陈守煜,2001;贾绍凤等,2003),评价了我国不同区域的水资源利用可持续性并进行类型划分(包存宽等,2001;刘毅等,2005),并提出了针对西北生态脆弱地区的水资源合理配置方案和水资源可持续利用的整体战略建议(李世明和程国栋,2002)。

1.2.3　城市发展与水资源利用的关系研究

水资源是制约城市发展的因素之一,而城市发展又必然带来水系统的演变(高云福,1998)。随着城市化进程的推进,水资源短缺问题在全球日益凸现,快速城市化及其引起的水资源问题逐渐引起人们的高度关注(陆大道等,2007),学术界对城市发展进程中的水资源问题做了较多研究。国外学者对这方面的研究起步较早,且研究的领域较为广泛,就水资源对城市化进程、城市布局、社会经济发展的影响机制(仇保兴,2004;刘耀彬等,2005)、城市化对水资源环境质量的影响(Chenery,1988)、城市化中的水资源管理问题(周一星,1995;陆大道等,2007)、城市节水发展策略(Fitzhugh and Richter,2004)等做了深入的研究和探讨。由于我国近一半的城市属于水资源短缺城市,国内学者非常关注水资源对城市发展的影响,其中以我国西北干旱区水资源与城市发展问题的研究居多,在水资源与城市空间扩张、人口集聚、经济增长相互作用研究(Merrett,1997;高云福,1998;Jenerette and Larsen,2006),城市化进程中的水资源承载力研究(贾绍凤等,2004b),水资源与城镇空间组织的关系研究(Bernardo et al.,1993a,1993b),水资源约束下城市发展策略研究(Atef and Rakad,2003;方创琳和李铭,2004)等方面取得了较为显著的成就,为今后研究的继续深入奠定了坚实的理论和实证基础。

1. 城市发展与水资源利用的相互影响机理

城市发展与水资源相互作用及其机理研究主要揭示了城市化与水资源之间相互影响及其成因。随着城市化与水资源之间矛盾的日益突出,二者之间的相互作用及其机理研究逐渐成为热点。国外多从水环境污染和管理的角度论述城市化和水资源的相互作用(Salman,2002;Atef and Rakad,2003),不少学者也研究了城市用地扩张对区域水文和水环境的影响(Beate and Uwe,2002;Nicole et al.,2005)。国内关于城市发展与水资源相互作用及其机理的研究,早期大多从定性、宏观和历史发展过程来说明,随后城市化与水资源相互作用的内涵逐渐丰富。白永平(2004)揭示了工业用水结构变化及城市用水空间变化的一般规律和内在机理;梁勇(2005)分析了城市化进程与水资源利用的互动作用,并对二者相互作用的机理机制进行了研究;方创琳等(2004)认为西北干旱区城市化与水资源及生态环境保护之间存在着各种矛盾与胁迫;鲍超(2009)则较为系统地研究了新疆与中亚邻国水资源开发对城市化和生态环境的影响机理。还有学者用柯比-道格拉斯生产函数(刘卫东和陆大道,1993)、协调度模型(雷社平和解建仓,2004)、区域分系统特征评价体系(崔振才和田文苓,2002)等方法对城市化与水资源利用关系进行了定量研究,分析了城市规模、城市产业结构、城市化发展水平等与城市水资源利用的相关性,并探讨了城市发展过程中水资源利用的变化规律。

2. 城市发展对水资源开发利用的影响

有关城市发展对水资源开发利用影响的专门研究较少,国外学者多从城市发展历程与水资源利用量的关系入手,在分析发达国家城市发展历程后,认为城市化进程中水资源利用量的变化大致划分为快速增长、缓慢增长和零增长或负增长三个阶段(Merrett,1997),有学者将需水零增长总结为自由零增长、约束零增长和胁迫零增长三种类型(Emrich,1994)。国内的研究重点则集中在城市和工业用水量的增长态势及其对水资源系统的压力等方面(王浩等,2004b)。钟华平(1996)探讨了城市化对水资源的影响,谈树成和薛传东(2001)研究了城市化对地下水的影响,于开宁和娄华君(2004)则进一步分析了城市化对地下水补给的影响机理。贾绍凤等(2004a)研究了用水与经济发展的关系,发现工业用水随经济发展的变化存在着一个由上升转而下降的转折点。吴佩林(2005)探讨了区域经济发展过程中水资源短缺程度,并通过横向和纵向比较,分析了城市发展因素对城市用水量及用水结构的影响。胡泊(2009)探讨了城市发展与水资源持续利用的理论关系,并对城市发展与水资源支撑能力进行了预测分析。

3. 水资源开发利用对城市发展的影响

水资源系统对城市化和社会经济系统影响的研究,主要集中在水资源对区域和城市人口、经济、生态环境的支撑保障作用方面(宋建军等,2004)。然而,随着人口经济规模的扩大,水资源对干旱区城市化约束作用的不断加强,这已成为城市化和社会经济发展的重要约束力(鲍超和方创琳,2006)。对水资源约束力进行度量,研究水资源对城市化约束强度的时空变化特征和规律,是进行综合调控的基础。Ruth 和 Paul (2001)通过分析水资源不同利用方式的经济效益,来探讨水资源对城市发展的约束与限制作用。任旺兵(1995)探讨了干旱区城镇发展的一般规律,认为水资源是干旱区城镇发展的限制性因子,徐国昌(1997)认为我国水资源消耗量呈快速上升趋势,水资源短缺已成为制约国民经济持续健康发展的严重问题,张雅君和刘全胜(2002)则提出水资源约束是需水量零增长或负增长的理论依据。白永平(2004)分析了水资源对区域经济总量、产业结构演进、空间结构组织的作用,阐明了水资源与区域经济发展的相互关系,董林(2006)从城市功能、生态、经济、制度等方面深入分析水资源对城市可持续发展的约束作用。方创琳和孙心亮(2006)、鲍超(2007)系统地探讨了水资源与城市发展的关系,重点研究了水资源对城市化的约束作用及合理调控,分析了在水资源约束下城市经济发展总量及对应的城市化阈值,认为水资源不仅限制城市发展的最大规模,而且影响城市发展的速度。

4. 城市发展与水资源利用相互影响的过程模拟与情景预测

在对干旱区水资源与城市发展相互关系与作用机理研究不断加强的基础上,学者们开始尝试运用各种方法来模拟水资源开发利用对城市发展的影响过程,以及不同城市发展速度对水资源开发利用模式的影响进行情景预测,以期为干旱区水资源可持续开发利用与城市发展提供优化方案和决策依据。由于水资源与城市发展之间的关系与作用机理较为复杂,学者们从理论、方法和实践层面进行了探索。方创琳和孙心亮(2006)、鲍超(2007)把水资源作为先决约束条件,将城市化过程与水资源和生态环境变化过程有机结合,采用系统集成方法,并引入 RS(remote sensing)和 GIS(geographic information system)技术,建立了水-生态-经济协调发展耦合模型,来揭示水资源变化对城市化过程的胁迫机制与规律,并以系统动力学模型为依据,构建了水资源对城市化约束强度的情景预警模型,对不同强度水资源约束下城市化过程进行动态模拟和情景分析,对未来 25 年河西走廊水资源对城市化的约束强度进行了情景预警分析,以对水-生态-经济发展方案进行选择(鲍超和方创琳,2009)。梁勇(2005)分别利用城市用水综合变动指数、城市化与水资源利用变化耦合系数,分析了西北干旱区城市化进程与水资源利用变化的关系,并对西北地区城市化进程与城市用水趋势进行了预测。张华等(2007)应用 CLUE-S 模型,模拟了水资源利用率分别为 68%、100%和 132%三种情景下张掖市的土地利用与土地覆盖变化。宋建军等(2004)对我国社会经济发展与水资源利用的关系进行分析,在此基础上对 2020 年全国水资源需求预测和保障程度进行分析,并提出了促进社会、经济与水资源协调发展的对策建议。李艳红等(2006)在探讨乌鲁木齐市水资源开发利用现状的基础上,运用 SD 模型对乌鲁木齐市中长期人口、粮食需求和农业生产能力进行预测。

1.2.4　研究评述

国内外城市发展与水资源利用的相关研究,在理论、方法与实证研究方面都系统、深入且自成体系,二者不断交叉渗透,成为城市发展和水资源研究领域的新热点,学者对城市发展与水资源关系的研究也不断深入。从现有相关研究来看,城市发展与水资源关系的研究较多集中在水资源对城市发展的支撑与约束作用,或城市发展对水资源的胁迫作用,全面系统研究城市发展与水资源利用相互关系的较少,该方面的研究相对薄弱。有学者对水资源利用与城市发展进行系统耦合与情景分析,但分析过程中,主要单纯考虑水资源对城市发展的约束分析,或城市快速发展对水资源需求的预测分析,二者综合的研究成果较少。

1.3　研究目标与内容

1.3.1　研究思路

结合国内外相关研究进展,分析水资源开发利用与城市发展的相互作用机理,基于获取的社会经济发展数据和水资源利用数据,采用回归分析法分析研究区水资源利用与城市发展的动态演变过程，分别建立水资源开发利用和城市发展的评价指标体系，采用层次分析法进行二者的综合测度，并利用灰色关联等方法进行二者间的耦合关系分析，得出水资源开发利用和城市发展进程的相互关系。在此基础上，构建系统动力学模型，对城市发展的水资源需求和水资源约束下的城市发展进行多情景、多目标模拟，通过比较，进行未来城市发展与水资源开发利用的模式选择。具体研究思路如图 1-1 所示。

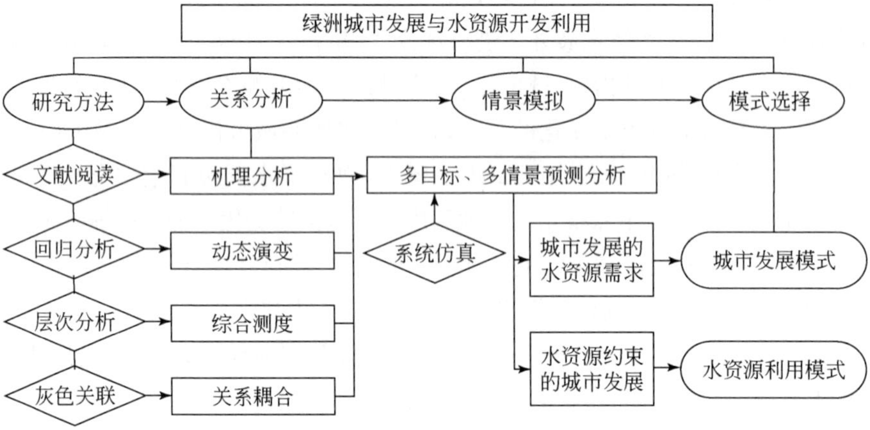

图 1-1 研究思路基本结构图

1.3.2 研究目标

本书探讨绿洲城市发展的关键因素，在分析干旱区绿洲城市的发展历程与水资源利用变化态势及二者相互影响机理的基础上，建立适用于干旱区绿洲城市的水资源开发利用与城市发展综合测度指标体系。以城市发展与水资源利用的关系分析为基础，构建绿洲城市系统动力学模型，对城市发展的水资源需求和水资源约束下的城市发展进行多情景、多目标模拟，探讨未来城市发展进程与水资源开发利用的合理模式，提出绿洲城市水资源开发与城市发展优化模式，为干旱区绿洲城市可持续发展提出对策建议。

1.3.3 主要研究内容

(1)干旱区绿洲城市发展与水资源利用的相互作用机理。借鉴城市发展与水资源利用的相关基本理论，从理论角度分析绿洲城市发展的关键因素，探讨绿洲城市可持续发展对水资源的要求。分析水资源对绿洲城市发展的作用机制，探讨干旱区城市发展与水资源利用的相互影响机理，并进一步深化对绿洲可持续发展内在机制的研究。

(2)典型区城市发展与水资源利用的动态演变。以干旱区典型绿洲城市——乌鲁木齐市为例,研究近年来乌鲁木齐市城市发展与水资源利用的动态演变过程,分析二者的发展态势与时空变化。

(3)典型绿洲城市发展与水资源利用综合测度。针对水资源开发利用主导下的绿洲城市发展特点,构建城市发展与水资源利用综合测度指标体系,建立适合绿洲城市可持续发展的数学模型,综合测度乌鲁木齐市水资源利用与城市发展水平,并分析二者交互影响的耦合关系,总结其变化规律,提出区域可持续发展的综合建议。

(4)水资源利用与城市发展的系统仿真模拟与多目标情景分析。以城市发展与水资源利用的关系分析为基础,在 Vensim 软件支持下,从水资源、人口、经济等方面建立系统仿真模型,对城市发展的水资源需求和水资源约束下的城市发展进行多情景、多目标模拟,分析未来区域发展的水资源需求和水资源所能支撑的社会经济发展能力。

(5)典型绿洲城市发展与水资源利用模式选择。通过建立的水资源和社会经济发展指标体系,基于区域可持续发展的整体性要求,探讨绿洲城市水资源开发与城市发展的模式,并提出城市可持续发展的对策建议。

1.4 研究方法与技术路线

1.4.1 主要研究方法

(1)遥感技术与 GIS 方法相结合,利用遥感影像图,提取乌鲁木齐市土地利用变化数据。

(2)采用模糊隶属度函数模型和熵技术支持下的 AHP 方法计算各级指标权重。

(3)采用加权平均计算水资源开发利用潜力综合指数和城市发展综合指数。

(4)采用灰色关联方法和主成分分析法,对城市发展与水资源开发利用的相互影响因素进行分析。

(5)采用系统动力学、多目标决策、灰色系统、多元统计回归等,运用情景分析法,对城市发展的水资源需求和水资源约束下的城市发展进行多情景、多目标模拟。

1.4.2 技术路线

本书主要分为四个部分:干旱区城市发展与水资源利用的相互影响机理;乌鲁木齐城市发展与水资源利用的动态演变与耦合关系;乌鲁木齐城市发展与水资源

利用的多目标情景分析;乌鲁木齐城市发展与水资源利用的优化调控与对策。

全书各章节层层递进,其中,城市发展与水资源利用的相互影响机理是本书的理论基础,城市发展与水资源利用的动态演变与耦合关系为本书提供必要的数据支撑,系统模型构建、多目标情景分析与优化调控是本书的重点与难点。研究的主要方法和技术路线见图1-2。

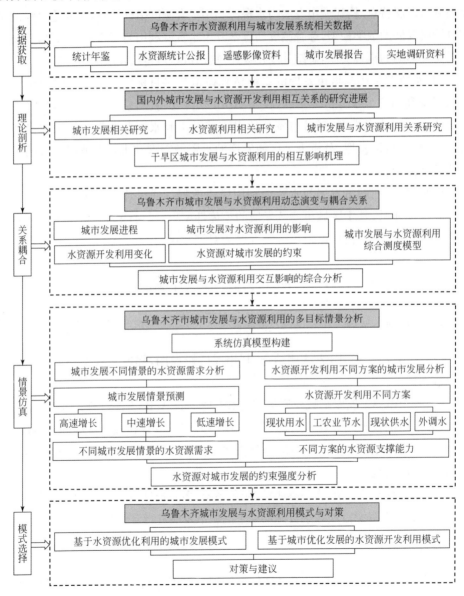

图 1-2　研究的主要方法和技术路线

第 2 章　绿洲城市发展与水资源利用的相互作用机理

干旱区绿洲生态环境脆弱、水资源短缺,水资源在支撑城市化不断推进的同时,已成为制约干旱区社会经济与生态环境协调发展的重要瓶颈。水资源不仅会限制城市发展的规模,而且会延缓社会经济和城市发展的速度,更为严重的是,水资源的不合理利用将造成生态环境难以逆转的全面退化。因此,需要从理论上阐明水资源利用对城市化的支撑与约束作用,剖析城市化对水资源系统的胁迫与优化机理。

2.1　水资源是绿洲发展演变的关键因素

2.1.1　绿洲的概念与地位

山地-绿洲-荒漠是干旱区典型的景观组成结构,其中,绿洲作为人类生存和发展的基本场所,是干旱区最具活力且对环境反应最敏感的区域(王兮之和葛剑平,2004)。绿洲,是指干旱区具有水草的绿地,其土壤肥沃、灌溉条件便利,是干旱地区人类生产与集中居住的区域,多呈带状分布在河流或井、泉附近,以及有冰雪融水灌溉的山麓地带。绿洲区域天然降水少,难以满足农作物生长的需要,但其热量条件充足,只要有充足的灌溉水源,农作物就能生长良好。亚洲中部干旱区包括我国新疆塔里木盆地、准噶尔盆地、吐哈盆地,甘肃的河西走廊、宁夏平原与内蒙古河套平原,以及中亚五国都分布着的广阔绿洲(陈曦和罗格平,2008)。

近年来,随着干旱区绿洲生态相关研究的不断深入,对绿洲内涵的认识和理解也在不断深化和完善,很多学者从不同认识角度和研究方向进行了认知。虽然绿洲定义的角度不同,但可以综合形成以下共同之处:①绿洲存在于干旱区、半干旱区的荒漠背景条件下,荒漠地区才是真正意义的绿洲;②水源保证或稳定的水源供给是绿洲存在的基本条件;③绿洲是一种中小尺度的非地带性地理或生态景观(陈曦和罗格平,2008)。简单地说,绿洲就是荒漠地区中绿色植物繁茂的地域(樊自立等,2004)。

我国西北干旱区自然环境严酷,大多区域为荒漠,不适合人类生活和居住。但荒漠中也有内流河、湖泊或湿地形成的自然绿洲,以及通过人工灌溉建立起的人工绿洲生态系统,它是干旱荒漠区人类安身立命的场所、生存繁衍的基地,可以说,没有绿洲,就没有干旱区人类的生存和发展(樊自立等,2004)。

2.1.2 绿洲的形成与分布

1. 绿洲形成的影响因素

绿洲的形成受到自然条件和社会经济因素的综合影响。自然条件是绿洲形成的基础,是绿洲生存的前提;社会经济因素是绿洲发展的动力,起促进或滞后绿洲发展的作用(樊自立等,2006)。

1)绿洲形成的自然条件

干旱地区的绿洲形成主要受限于地形、地表组成物质、水源条件等自然因素,以及人类活动对自然条件利用的选择(杨发相等,2006)。水是绿洲发生的基本条件,在西北干旱区水资源的空间分布限定了绿洲的分布格局,水量的大小决定了绿洲规模,有水的地方就有绿洲,无水的地方就是沙漠戈壁(王亚俊和焦黎,2000)。地貌制约着绿洲的分布,决定着绿洲的引水条件,在不同生产水平下,不同的地貌类型形成不同的绿洲。人类最早在地形平缓、水草丰茂、引水方便的河流下游三角洲建立绿洲,因为这里不需要建立复杂的水利工程就可引水灌溉;随着水利技术的进步,山前地带的绿洲逐渐取代了河流下游的绿洲;同时地貌又决定了绿洲土壤改良的水文地质条件(樊自立等,2004,2006)。

土壤是绿洲植物的载体,绿洲成土母质多是河流冲积物,以细土成分为主,保水、保肥、盐碱化较轻,肥力较高,提供了绿色植物生长发育的营养条件,如果没有细土物质,在戈壁、裸岩等缺乏水分和营养保证的地方,植物则难以茂密生长,特别是农作物无法栽培,就无法形成绿洲(樊自立等,2004)。植被是绿洲外貌的体现,没有绿色植被和农作物就不能称之为绿洲;一旦水、土条件具备,适宜一定盐分含量的乔木、灌木、草本植物和农作物就能在河谷阶地、冲积扇及三角洲地段生长繁育,与周围稀疏、平淡和单调的荒漠景观形成鲜明对照(樊自立等,2004)。植被对绿洲的形成也具有一定影响,在河流低阶地和泛平原上分布的草甸植被是较好的草场,可四季放牧;河流沿岸的胡杨林可以起到防护作用,减轻风沙危害,维护绿洲的稳定。

2)绿洲发展的社会经济因素

人类的生产活动方式不相同,对土地的利用状况也有差异。以农为主,就必须兴修水利,开荒造田,建立绿洲;以牧为主,就"逐水草而居",利用天然草场进行放牧。

　　水利技术的进步对灌溉绿洲的发展和扩大起着决定性的影响。在人类还没有能力修建大型水利工程控制水源时,只能凭借简易的引水设施,或利用自然水流漫溢灌溉,以人就水,逐水而居,建立农业基点,在河流中下游开垦小片土地进行农业种植。随着拦河筑坝的兴起和大型引水渠道的修建技术引入干旱区,人类开始实现水源的部分控制,以水就人,绿洲规模有所扩大,绿洲的位置也由河流下游移向山前区域。永久性渠道的建立和调蓄水库的修建,使自然水系被人工水系所代替,绿洲灌溉引水增加,在原有老绿洲的外围扩大形成了很多新绿洲(樊自立等,2006)。

　　生产工具的改进对土地开垦和绿洲建立也有很大影响。铁制工具传入新疆以前,在采用木制工具和手工劳动的条件下,土地开垦受到很大限制,绿洲面积很小,且呈分散小块状。随着铁制工具的传入和牛耕技术的发展,农业生产力水平有所提高,使土地开垦的规模不断扩大,在近山地带的洪积冲积扇等过去难以引水的地方,开发出了集中连片的绿洲。农业机械化的发展,更加速了土地开垦,1949～2005 年新垦土地面积约为 1949 年的 2.8 倍,从而大规模的扩张了绿洲范围(樊自立等,2006)。

　　人口是社会的主体,既是生产者又是消费者,随着社会的发展和人口的增加,人类利用和改造自然的程度不断扩大和加深,要维持其生活的消费品需求也在增加。新中国成立以来,人口的增加迫使耕地面积迅速扩大,于是在原有老绿洲的外围,建立起许多以国有农场为主体的新绿洲(樊自立等,2006),这也促进了绿洲规模的扩大。

2. 绿洲分布模式

　　荒漠区绿洲水、土条件的限制,具有沿河流及山麓平原分布的特点,绿洲空间分布与河流、溪沟、泉水关系密切,沿河流冲积平原呈带状,在河流出山口呈扇状或点状,沿湖呈环状,总体上呈片状,沿盆地边缘呈串珠状分布的特点。主要模式有4 种(樊自立,1993;杨发相等,2006):

　　(1)沿河谷阶地层状分布。例如,乌鲁木齐河、伊犁河等有数级河流阶地,一般河漫滩及低阶地分布杨树、榆树等天然绿洲,二、三级阶地为农田、果园、居民点等人工绿洲。

　　(2)沿山麓平原片状分布。在天山南北麓平原区水、土条件较好的地方,可见如库尔勒、阿克苏、乌鲁木齐、玛纳斯等片状绿洲。

(3)沿河道线状分布。例如,塔里木河在南北摆动过程中留下许多古河道,虽然老河道已断流,但仍有一定地下水供给胡杨生长所需水源,沿老河道可见线状胡杨绿洲分布。

(4)沿断层或洼地泉水出露地点零星点状分布。例如,在萨吾尔山南麓断层上,可见泉水地绿洲,大体呈串珠状分布;在洼地或沟谷末端泉水出露地方可见芦苇、柳树等,如哈密柳树泉、沙枣泉、鸭子泉等。

2.1.3　绿洲的演变模式

1. 绿洲类型演变模式

受自然与人为因素的影响,特别是随着水资源的时空变化,绿洲类型将发生变化,主要演变过程有(杨发相等,2006):

(1)玛纳斯湖、罗布泊、台特玛湖等,随着 20 世纪 50 年代以来,玛纳斯河、孔雀河、塔里木河流入湖泊水量的减少及断流,湖泊干涸,湖滨、三角洲芦苇枯死,盐碱地形成,原来的绿洲变成了荒漠。近几年经人工调水输入台特玛湖,又使荒漠逐渐变为绿洲。因此,可发生由湖泊、沼泽→荒漠→绿洲的演变。

(2)扇形地扇缘泉水溢出带为天然绿洲,受人工打井抽水灌溉农业及降低地下水位的影响,扇缘泉水溢出带消失,由盐碱地或耕地替代,发生由苇地、沼泽草甸→盐碱地或耕地演变。

(3)冲积平原绿洲演变与河流水源时空变化有关,例如,20 世纪 50 年代以来,塔里木河下游因中、上游大量用水而断流,引起河流沿岸胡杨枯死,沙化加剧,绿洲自河流下游向上游与自河道两侧至河床退缩,发生由胡杨林→沙漠演变;近几年,人工从博斯腾湖调水输入塔里木河下游,并进行人工生态恢复建设,又使沙漠向绿洲演变。

(4)在平原区水库周围或大渠沿线,因地下水位升高,使耕地盐渍化弃耕,发生由耕地→盐渍地演变。

(5)沙漠边缘的平沙地,经人工引入水源开垦为耕地,后因水源减少而弃耕为沙地,发生由荒漠→耕地→荒漠演变。

(6)河谷平原受构造运动抬升和河流下切形成阶地,人类利用阶地地形平坦、排水方便、无洪水泥石流灾害等特点,开渠引水发展耕地或果园,发生古河漫滩天然绿洲阶地→人工绿洲演变,高阶地引水困难则为荒漠。

综上所述,干旱区受自然与人为因素的综合作用,存在绿洲化与荒漠化过程,绿洲类型常发生由天然绿洲→人工绿洲、绿洲→荒漠或荒漠→人工绿洲演变。

2. 人工绿洲的演变历程

人工绿洲是在人类开发经营活动影响下形成的,由天然绿洲或荒漠经人工改造而来的高度人工化生态系统。在人工绿洲内部,原来的自然生态系统已经发生深刻变化,在人类干扰下已主要由耕地、果园、人工林、人工草场、人类强度干扰的人工建筑等生态系统类型构成(陈曦和罗格平,2008)。我国干旱区的农业有 4000 多年历史(赵松乔,1987),人工绿洲的形成也从这时开始。在土壤适合、具有基本耕作的条件下,可按水资源开发利用将人工绿洲形成和演变划分三个时期(樊自立,1996)。

1)以人就水时期

在秦汉和魏晋之前,形成的古代绿洲多分布在河流中下游平原和三角洲地带(樊自立,1993;曲耀光,1995),例如,孔雀河下游的楼兰,克里雅河下游的喀达墩,黑河下游的古居延,石羊河下游三角洲的连城、三角城,疏勒河中下游的锁阳城以及黄河河套平原的汉代屯垦遗址。这些地方有的虽深入沙漠腹地,但当时山前绿洲尚未形成,河流水量主要流向中、下游,中、下游是水草茂盛之地,可兼营畜牧业;土壤肥沃,地形平坦不需修建复杂水利工程,以人就水,容易引水灌溉,种植农作物,这和当时人口少、生产水平低的社会经济情况相适应。

2)以水就人时期

随着社会经济的发展,人口增加、生产工具改进,特别是水利技术的进步,使人类由被动的适应水源变为主动的利用水源,于是绿洲的分布发生了很大变化,由原先在河流中、下游逐渐转向山麓地带。根据考古和历史文献记载,大约在汉代及以后,铁制工具、牛耕技术、拦河筑坝、修建大型引水渠道、建设自流灌区的技术在河西和新疆逐渐发展起来,这时人类有能力从河流出山口处拦河修渠,把水引到扇形地上灌溉,以水就人,发展人工绿洲。在山前地带发展人工绿洲,水资源的利用效益高,交通方便,土地不再发生盐渍化,更适合人类生存。随着山前旧绿洲的扩大及灌溉引水的增加,使河流输往下游的水量减少,原位于河流下游三角洲上的古代绿洲逐渐衰亡。

3)以地就水时期

20 世纪中叶以后,西北地区成为我国土地开发的重点,耕地面积不断扩大。新疆、甘肃河西、宁夏引黄灌区及内蒙古河套共扩大耕地面积 $320 \times 10^4 \text{hm}^2$。由于灌溉面积扩大,使春旱缺水更加加剧,单纯依靠从河道引水已不能满足需要,必须修建水库,对径流进行调节。限于当时的经济和技术条件,大多数地区无力修建山区水库,而是利用扇缘低地和冲积平原洼地修建平原水库。依靠平原水库调蓄灌溉所形成的新绿洲,必须以地就水,多位于旧绿洲的外围和边缘。新绿洲多是国有农场,尽管所处位置较差,土壤盐渍化较重,但水利工程设施较完善,灌溉管理较强,农业机械化和耕作栽培技术水平较高,因而农业生产水平比旧绿洲高。

2.1.4　绿洲发展演变的关键因素

根据绿洲的形成条件、分布特点、演变模式及人工绿洲的演变历程,土是绿洲形成基础,而水则是绿洲形成的必要条件(杨发相等,2006)。干旱区水资源的空间分布格局决定了绿洲的分布格局,水量大小决定绿洲规模,有水的地方就有绿洲,无水的地方就是沙漠戈壁。绿洲空间分布与河流、溪沟、泉水关系密切,随着水源时空的变化,绿洲类型将发生变化。人工绿洲形成和演变也被划分为以人就水、以水就人和以地就水三个时期。西北地区开发较快、发展较好的陕西关中平原、宁夏引黄灌区、甘肃黑河流域、青海湟水河流域、新疆天山北麓等地区,曾经都是依靠当时有限的水资源支持才发展起来的,是以水定田、以水定工农业发展规模、以水定城市规模的明显例证(司志明,2000)。因此,水资源是绿洲发展演变的关键因素。

2.2　水资源利用对绿洲城市发展的支撑与约束机理

干旱区水资源利用对城市化系统既有支撑作用,又有约束作用。由于水资源总量不足产生的"资源型缺水"、水资源利用程度低下造成的"工程性缺水"和由于水环境恶化导致的"水质性缺水"和"管理性缺水"并存,水资源对绿洲城市发展的约束作用是当前干旱区绿洲城市面临的主要问题。水资源利用对城市发展的支撑与约束作用相互依存,水资源的合理利用是协调两种作用的关键。

2.2.1　水资源支撑绿洲城市发展

水是生命之源,是一切动植物维持生命的基础;水是工业的血液,是城市经济发展的重要保障;水是自然生态环境的关键因子,为人类提供良好的生产生活环境,也吸收消纳生产生活的废物排放;水作为城市景观的重要组成部分,对提升城市形象和加快城市化进程具有重要作用。水资源开发利用对社会经济发展和城市化进程具有重要的支撑作用,尤其在干旱缺水地区,有限的水资源对区域发展的支撑作用显得更为突出(鲍超,2009)。

1)为城市发展提供基础支持

水是生命的源泉,是人类赖以生存和发展不可缺少的重要物质资源之一。在满足人类日常生活需要的同时,水资源为农业发展提供了基本保障。而农业是城市发展的重要基石,农业生产的粮食等提供了城乡居民对食物的基本需求,农产品为城市工业发展提供了基础原料,农业剩余劳动力的流转是城市发展中人口城市化的基本条件。因此,没有水就没有农业的发展;而没有农业的支撑,就没有城市的发展。

2)为工业推进提供发展动力

在现代工业中,没有一个工业部门是不用水的,也没有一项工业产品不和水直接或间接发生关系。水参与了工业生产的各个环节,在工业生产中发挥了重要作用,被誉为工业的血液。而城市化是随着工业化的出现而快速发展的,工业化是城市发展的核心动力。由于大部分工业都布局在城镇,所以工业化过程实质上就是经济城市化的重要内容。因此,水资源通过支撑工业的发展,为城市化的全方位推进提供了保障。

3)是支撑城市发展环境的关键因子

水是自然生态环境的关键因子,尤其在干旱区,水是生态环境的生命线。干旱区的城市依托绿洲而发展,水资源为城市内部及周边地区的生态环境系统提供了生命保障。水通过对地球温度和气温的调节,减少了城市热岛效应,调节了区域和城市局部地区的气候,使城市更适宜人类生存和发展。水资源的运输物质功能和自身具有的环境容量,实现了城市的物质循环和有害物质的自然净化,维持着城市环境的持续发展。

4)是提升城市形象的重要景观

水是城市景观的重要组成部分,尤其在干旱区,重要河流、湖泊、湿地往往是绿洲城市的名片或象征,城市许多人造的标志性景观也往往利用自然或人工水系进行建设,水对提升城市形象具有重要意义和不可估量的价值。而城市形象是城市综合竞争力的集中体现,提升城市形象,有助于吸引人口和企业集聚,提高区域发展的竞争力。

2.2.2　水资源开发约束绿洲城市发展

在干旱区绿洲城市发展过程中,由于水资源对社会经济系统的支撑力接近或超过水资源承载力,以及社会经济发展模式与水资源开发利用模式不协调,导致水资源约束力加大,成为干旱区城市化的重要制动力,延缓或阻碍城市发展进程,制约城市化的发展速度和发展规模。水资源是绿洲区域城市化的重要制约因素,其约束力主要受水资源总量、质量、时空分布、用水结构和开发利用程度的影响,与社会经济发展规模、工业化水平、产业结构及城市生态环境状况也有一定关系(鲍超,2007;鲍超和方创琳,2007)。主要表现在以下几个方面。

1)水资源总量短缺限制城市供水进而约束城市发展速度和规模

干旱地区的水资源总量普遍较为短缺,随着绿洲城市规模的扩大,城市供水难度逐渐加大,在城市供水有限的条件下,不时发生的缺水事件会给城市工业、服务业造成直接的经济损失,限制城市经济发展速度和规模的扩大,导致工业发展较慢,进而减缓城市发展进程。

2)水资源开发利用胁迫生态环境进而约束城市发展进程

干旱区水资源总量短缺,加上城市化和工业化的发展,使得城市用水挤占农业用水和生态环境用水,这将导致生态系统正常功能的逐渐丧失和生态环境的不断恶化,从而造成直接或间接的社会经济损失,且生态环境修复需要大量投资并减少社会经济用水,致使社会经济和城市发展速度减缓。

3)用水结构转换加剧工、农业之间的矛盾进而阻碍城市发展

随着城市化的进程,水资源逐渐从农业流向投入产出效益更高的工业和服务业,农业用水比重逐渐降低,工业和生活用水比重逐渐提高。在工业用水增加的同时,工业污水排放量也逐步增加,并将水污染转嫁给农业和农村,这严重影响了农村的生活和生产,进而导致工业以及整个国民经济的发展速度减慢,最终会减缓城市发展进程。

4)水资源质量恶化加大城市化推进的成本

干旱区河流水量小、环境容量低,水污染将造成十分严重的后果。一方面,水环境恶化会削弱经济发展成果及其可持续性,致使水污染处理的人力和资金投入增加,严重破坏水体景观的社会文化功能,更严重的是造成饮用水源短缺,直接限制社会经济功能的正常运转;另一方面,水污染相当于间接地减少了水资源总量,造成城市供水困难。在干旱地区,水质型缺水大大加剧了资源型缺水,而资源型缺水又造成污染物难以被稀释而加剧了水质型缺水,进而约束城市发展。

2.3 绿洲城市发展对水资源系统的胁迫与优化机理

在水资源系统支撑和约束绿洲城市发展的同时,绿洲城市发展对水资源系统也具有胁迫和优化作用(鲍超,2009)。

2.3.1 绿洲城市发展对水资源系统的胁迫

城市化进程,尤其是干旱缺水地区的城市发展,会通过影响社会经济系统的规模、结构、质量和空间等的变化,进而对水资源系统产生压力或胁迫作用,主要表现在以下几个方面。

1)社会经济规模扩张导致缺水加剧

由于干旱区水资源总量有限,在用水效率提高相对较慢而区域经济增长相对较快的情况下,经济、人口的快速发展会对水资源系统产生较大压力,从而导致生产用水挤占生态环境用水的现象出现,尤其在城市化快速发展阶段以及经济增长更为迅猛的城市化地区,水资源和生态环境系统整体可能不断退化。

2)产业结构和用水结构变化对农业和生态用水产生胁迫

在经济城市化过程中,人力、资本、工业、服务业都向城市集聚,人力、投资和产业的集聚,导致整个区域产业结构发生巨大变化,农业比重不断减少,工业和第三产业的比重不断提升。相应的,生产用水结构也发生重大变化,农业用水量将不断减少,工业和第三产业用水量将持续增加。由于干旱区可利用水资源有限,在快速城市化发展阶段,农业用水和生态用水减少难以避免。

3)工业化对水环境产生压力

干旱区水环境是以流域为单元的封闭系统。在城市化进程中,造成工业用水迅速增加,工业废水产生量也不断加大,水污染不仅量大、浓度高,有的甚至超过了水环境承载力,而且影响范围广,污染物成分也复杂,许多重金属和有机物质对人和动植物产生严重的毒害。此外,农业化肥和农药的使用以及城市污水用于农业灌溉,致使地表水和地下水遭受面源污染,加剧了干旱区水环境恶化。

4)人民生活质量改善使供水系统和水环境压力进一步加大

城市化不仅仅是农业人口向非农人口、农业经济向非农业经济、农业用地向城镇建设用地转移的过程,更重要的是社会生活方式和生活质量的变化。已有研究表明,城市化水平与生活质量诸方面都存在着明显的正相关性(赵雪雁和林曼曼,2007)。生活用水的需求明显增加,使城市供水系统面临更大的压力。与此相应,生活污水的排放也使城市水环境面临更大的压力。

5)用水空间格局变化加大了供水保障难度

城市化的发展,都会使人口、经济等生产要素进一步向绿洲城市集聚,城市空间的拓展、建设用地的增加、人口的空间集聚、工业布局的调整,都将在很大程度上增大绿洲城市的水资源消耗量,改变水资源的分配格局,从而增加城市总体或局部的水资源压力。

2.3.2　绿洲城市发展对水资源系统的优化

绿洲城市发展进程在对水资源系统产生胁迫的同时,由于城市发展引起社会经济系统规模、结构、质量和空间等发生变化,也会在一定程度上促进用水结构的优化、用水效率的提高和水资源管理水平的提升,进而减轻社会经济发展对水资源系统的压力或胁迫作用,主要表现在以下几方面。

1)提高城市规模效益和综合实力进而提高区域供、用水效率

城市化提高城市规模效益进而提高区域用水效率主要表现在两个方面:一是供水设施、节水设施、排水设施、污水处理设施等可以被更多的人和企业分享,减少了区域公共供、用水设施建设的边际成本,规模效益明显增加;二是生产效率会明显提高,行业用水定额和用水需求逐步降低,从一定程度上减少进而抑制了用水总量的增长,缓解水资源的供需矛盾。城市化提高城市综合实力进而提高区域用水效率主要表现在两个方面:一是经济实力增强后有能力而且更有意愿采用高效的节水和治污措施,从而提高节水和治污的效率;二是优化升级产业结构和用水结构的能力逐渐提升,有能力发展科技含量高、效益较好但耗水较少的产业,并通过这些产品与区外交换耗水高的产品。

2)优化产业结构和用水结构进而优化水-生态-经济系统结构

在干旱区城市化进程中,工业用水逐渐增加,由于工业用水重复利用率的大幅度提高和高效节水型工业的发展,节水型工业用水比重不断上升而耗水型工业用水比重将下降,最终实现工业用水实现零增长或负增长。虽然第三产业用水量不断增长,但由于总人口、城镇人口、外来流动人口都有增长极限,生活用水总量最终也将趋于稳定。第一产业由于节水型种植业比重上升,用水定额下降,灌溉用水将减少。因此,城市化可以促进水资源在国民经济各行业的优化配置,最终实现社会经济用水零增长或负增长,进而将节省的水资源转化为生态用水,促进干旱缺水地区水-生态-经济系统持续协调发展。

3)促进人口素质和管理水平提高加快节水防污型社会建设

城市化是传统农业文明社会向现代城市文明社会转变的过程,也是人口素质、管理水平不断提高的过程,人们的综合素质、节水意识、环保意识、法律意识、节水技能、管理能力也逐渐增强,大大加快了节水防污型社会建设的进程。

4)通过城市空间优化协调区域水资源布局

随着城市化进程的推进以及城市发展综合实力、规模效益的提高和产业结构的不断优化升级,将使城市内部空间区域功能更加明确,产业分工与合作更加合理,各种类型的产业园区建设和大型居住区建设将使区域水资源的空间利用格局进一步优化,并为污水的集中、分类处理创造条件。

第3章　乌鲁木齐城市发展与水资源利用动态演变

3.1　地理位置与自然资源

3.1.1　地理位置

乌鲁木齐市位于新疆维吾尔自治区中北部,天山北麓中段,准噶尔盆地南缘,西部和东部与昌吉回族自治州接壤,南部与巴音郭楞蒙古自治州相邻,东南与吐鲁番地区交界。地理坐标位于东经 $86°46'10''\sim88°59'48''$,北纬 $42°54'16''\sim44°58'16''$。地形大致为东、南、西三面环山,地势南高北低、起伏悬殊(图 3-1),两侧山地间为柴窝堡-达坂城谷地,北部为乌鲁木齐河与头屯河冲积平原,东望可见天山主峰博格达峰,南依天山中段天格尔峰,西北向准噶尔盆地倾斜,兼具山地城市和平原城市的特点,属典型的干旱区绿洲城镇。

乌鲁木齐市辖 7 区 1 县(图 3-2),即天山区、沙依巴克区、新市区、水磨沟区、头屯河区、米东区、达坂城区和乌鲁木齐县。此外,有高新技术产业开发区、经济技术开发区两个国家级开发区,以及五一农场、三坪农场、头屯河农场、西山农场、104团场、养禽场六个国营农垦团场。行政区划调整后乌鲁木齐市总面积达 $13788km^2$,其中,市辖区面积 $9576km^2$,建成区面积 $383.8km^2$。

3.1.2　自然条件

1. 气候条件

乌鲁木齐市深处大陆腹地,远离海洋,属于中温带大陆干旱气候区。夏季炎热短暂,冬季酷寒漫长,寒暑变化剧烈,昼夜温差大;降水稀少且四季分布不均,山区气候垂直变化明显,降水随高度垂直递增;蒸发强烈,太阳辐射强,且多大风天气,冬季有逆温层出现;风能资源丰富。乌鲁木齐河流域上游属高寒区,该地区气温低、蒸发弱,降水量比较丰富,且随着地势增高降水量增大;由于低温高寒,降水的绝大多数以冰和雪的固体形式被储存起来,成为天然的固体水库。乌鲁木齐河流域下游地势平坦,土壤肥沃,光热资源充足,气候干燥,蒸发强烈,降水量自东向西

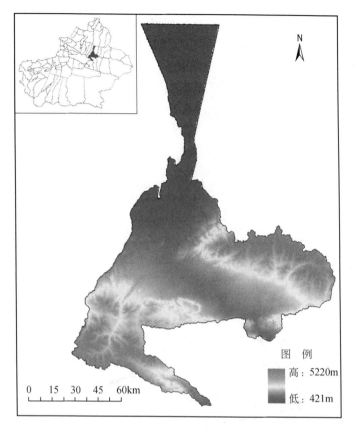

图 3-1　乌鲁木齐市高程示意图

逐渐减少,年内分配很不均匀。2010 年乌鲁木齐市降水总量 21.3954×10⁸ m³,从季节分配上看,夏季降水量占全年降水量的百分比分别为:南山地区 50%～60%,北部平原 30%～40%,达坂城谷地 70%以上;冬季降水量占全年降水量的百分比分别为:北部平原 11%,南山地区和达坂城谷地仅 2%～4%。

2. 水资源

乌鲁木齐市存在冰川融水、地表径流和地下径流等不同形态的水资源,降水是水资源的补给来源,降水变化直接影响水资源的变化。2010 年水资源总量 9.3922×10⁸ m³,其中,地表水资源量 9.0942×10⁸ m³,地下水资源量 4.0340×10⁸ m³,地表水与地下水不重复量 0.298×10⁸ m³。

乌鲁木齐市地表水水质较好,河流均系内陆河,河道短而分散,河流均发源于北天山北坡和东天山西南坡,以冰雪融水补给为主,水位季节变化大,散失于绿洲

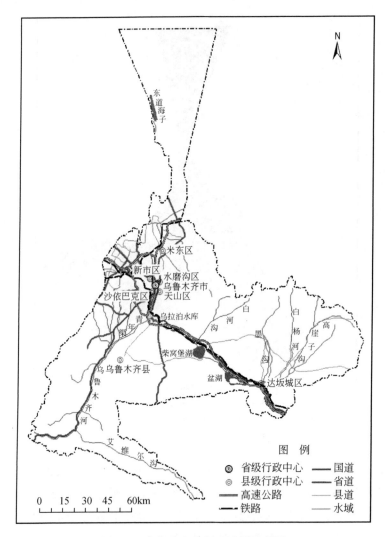

图 3-2　乌鲁木齐市行政区划示意图

或平原水库中。区域共有河流 46 条,分别属于乌鲁木齐河、头屯河、白杨河、阿拉
沟、柴窝堡湖 5 个水系(图 3-3)。河流主要分为三种类型:

(1)降水融水补给型。由于冰川融水补给占有一定的比例,径流年内分配平
稳,夏季降水较多,同时冰川消融强烈,所以径流主要集中在 5～8 月,三屯河、头屯
河和乌鲁木齐河属于这种类型。

(2)降水和山间裂隙水补给型。这些河流地区冬季降雪较多,春季消融产生较
大的春汛,其后降水较多,加之山间裂隙水补给,故春夏径流较大,4～6 月径流约

占全年的 65%,乌什城沟等为此类型。

（3）泉水补给型。年内分配均匀,季节变化较平稳,水磨沟、白杨沟等属于此种类型。

图 3-3　2010 年乌鲁木齐市地表水资源分布图

乌鲁木齐市地下水资源比较丰富,按地质情况可划分为达坂城-柴窝堡洼地、乌鲁木齐河谷和北部倾斜平原三个区,形成地下水储存的良好环境。冰川资源丰富,冰川素有"高山固体水库"之称,主要分布在乌鲁木齐河和头屯河上游的天格尔山以及东部的博格达山,高山地区发育现代冰川 368 条,储量 $73.9 \times 10^8 \mathrm{m}^3$,平均消融量 $1.23 \times 10^8 \mathrm{m}^3$。湖泊有盐湖和柴窝堡湖,两湖位于东南部的柴窝堡达坂城谷地。盐湖水面总计 $23.7 \mathrm{km}^2$,湖内原盐芒硝储量丰富;柴窝堡湖湖面面积

$30km^2$,平均水深 4.2m,储水量 $1.26 \times 10^8 m^3$(朱军伟,2007)。

3. 土地资源

乌鲁木齐市土地总面积为 $13788km^2$,但山地面积占总面积 50%以上,北部冲积平原不及总面积的 1/10。根据 2009 年年末的第二次土地调查数据,乌鲁木齐市土地总面积 $13782.81km^2$,现有耕地 $808.9km^2$,占土地总面积的 5.87%,其中,水田 $82.02km^2$,水浇地 $686.34km^2$,旱地 $40.54km^2$;现有园地 $55.36km^2$,占土地总面积的 0.40%;林地 $800.46km^2$,占土地总面积的 5.81%;牧草地 $7814km^2$,占土地总面积的 56.69%;城、镇、村庄及工矿、交通用地 $657.75km^2$,占土地总面积的 4.77%;水域总面积 $418.57km^2$,占土地总面积的 3.04%;未利用土地 $3227.77km^2$,占土地总面积的 23.42%。

4. 地形地貌

乌鲁木齐地区地势起伏悬殊,由东南向西北降低,平均海拔 2000m 以上。大致分为三个梯级,第一级为山地,海拔 2500~3000m 或更高;第二级为山间盆地与丘陵,海拔 1000~2000m;第三级为平原,海拔在 600m 以下。最高峰博格达峰海拔 5445m,最低点猛进水库的大渠南侧,海拔 490.6m,高差达 4954.4m。市区海拔 680~920m,平均海拔约 800m,自然坡度 12‰~15‰。市区三面环山,北部平原开阔,东部有博格达山、喀拉塔格山、东山,西部有喀拉扎山、西山,南部有伊连哈比尔尕山东段(天格尔山)、土格达坂塔格等。

5. 土壤植被

市域内土壤分布的垂直地带性十分明显。海拔 3600m 以上除冰雪覆盖外主要是裸岩和倒石堆,3000~3600m 为高山草甸土,2800~3000m 为亚高山草甸土,1700~2800m 的土壤具有镶嵌分布的特点,其中,1800~2400m 的阴坡为灰褐色森林土,2400~2800m 主要为山地草甸土,但林带阳坡则为山地黑钙土,1800~2200m 的后峡盆地为山地栗钙土。

植被垂直地带性分布明显,山区有繁茂的天然森林和天然草场,可利用的野生植物 300 余种,但草原和林带分布零乱,且林带上下限附近缺乏明显的灌丛。植被主要包括针叶林、阔叶林、灌丛、草原和草甸五种类型:针叶林中的雪岭云杉分布于 1600~2600m 的中山带;阔叶林中的桦木、密叶杨和白柳主要见于中低山带河谷,多为复合林;灌丛中主要有黑果、金露梅、新疆圆柏和蔷薇四种,分布在云杉林中以及林源、森林上限及河谷滩地;草原中有针茅、羊茅等,主要分布在低山丘陵及林带下限附近;草甸在中高山带及河谷均有分布,天然牧草主要有早熟禾、草原老鹳草、天山羽衣草、苔草、细果苔草、线叶篙草等。

6. 能源矿产

乌鲁木齐市有着丰富的矿产资源,截至目前共发现各类矿产 29 种,129 处矿产地,大、中型矿床 30 多处。矿产资源主要有煤炭、石油、铜、锰、铁、黄金、石材、砂石、黏土、盐、芒硝、矿泉水等。其中,煤炭资源探明储量达 100×10^8 t,约占全疆总储量的四分之一,且分布广、埋藏浅、煤层稳定、煤质优良、品种齐全、易于开采,故乌鲁木齐市又被称为“煤海上的城市”,其煤炭资源主要分布在雅玛里克山、水磨沟、芦草沟等地;盐储量 2.5×10^8 t,芒硝储量 1.1×10^8 t,盐和芒硝产于芒硝盐池,分东、西盐湖两部分;石灰岩储量 1.2×10^8 t;锰矿储量 2.2×10^4 t。另外,柴窝堡地区的石油资源也具有良好开发前景。

乌鲁木齐市待开发的可再生能源资源也十分丰富,尤其具有丰富的风能资源。乌拉泊-柴窝堡-达坂城谷地是新疆三大风区之一,年有效风能达 $2000 \sim 3000 kW \cdot h/m^2$,年平均风速 6.2m/s,12m/s 以上风速小时数大于 1400h,是乌鲁木齐市风能资源最丰富、最优利用价值的地区,目前建有亚洲最大的风力发电厂——柴窝堡风力发电厂,装机容量为 $6.65 \times 10^4 kW$。

7. 旅游资源

乌鲁木齐市自然风光优美,旅游资源丰富,天山山脉分布着高山冰雪景观、山地森林景观、草原景观,特色鲜明,为游客观光、探险提供了丰富内容。各民族的文化艺术、风情习俗,构成了具有民族特色的旅游人文景观,形成了新疆国际大巴扎、新疆民街、二道桥民族风情一条街等具有浓郁新疆民俗风情的景区景点。作为举世闻名的古“丝绸之路”新北道上的必经之路,神奇美丽的自然风光和独特的人文景观,使乌鲁木齐市成为了新疆重要的旅游集散地、目的地和国内外游客渴望的西域名城。

3.1.3　社会经济

1. 区位

乌鲁木齐市是新疆维吾尔自治区的首府,是全疆的政治、经济、文化和科技中心,是天山北坡经济带的中心城市。地处亚洲大陆地理中心,是欧亚大陆中部的重要城市,新欧亚大陆桥中国西段的桥头堡,中国连接中亚地区乃至欧洲的陆路交通枢纽,现已成为中国扩大向西开放、开展对外经济文化交流的重要窗口。乌鲁木齐市既占沿边之利,又得沿线之益,成为其在西部大开发中最大的地理优势。随着新亚欧大陆桥的全线贯通,乌鲁木齐市作为新亚欧大陆桥中国段的西桥头堡,在中国西部乃至中亚经济发展中的地位和作用日益增强。

2. 人口

乌鲁木齐市是一个多民族聚居的城市,世居民族 13 个,除汉族外,有维吾尔族、哈萨克族、回族、蒙古族、柯尔克孜族、满族、达斡尔族、塔塔尔族、俄罗斯族等 49 个少数民族。截至 2011 年底,全市总人口 249.35 万人,其中,汉族 181.15 万人,占总人口的 72.65%,少数民族 68.20 万人,占总人口的 27.35%,维吾尔族人口在少数民族中比例最大,达 46.18%。农业人口 66.05 万人,占总人口的比重为 26.49%,非农人口 183.30 万人,占总人口的比重为 73.51%,城镇人口 242.24 万人,占总人口的比重为 97.15%。

3. 经济

2011 年,乌鲁木齐市的地区生产总值为 1690.03 亿元,占新疆地区生产总值的 25.57%,较 2010 年增长 26.26%。其中,第一产业产值为 22.06 亿元,第二产业产值为 759.06 亿元,第三产业产值为 908.92 亿元,三次产业结构比例为 1.31 : 44.91 : 53.78。人均 GDP 为 52649 元,较 2010 年的 43039 元增长了 22.33%,居西部省会或首府城市的第二位。全社会固定资产投资 635 亿元,增长 27%,地方财政一般预算收入 206.2 亿元,增长 39.33%,社会消费品零售总额 690 亿元,增长 23%,进出口贸易总额 90 亿美元,增长 49%。

3.2 城市发展进程

3.2.1 人口增长

1949 年以来,乌鲁木齐市人口规模增长较快(图 3-4),1949 年为 10.77 万人,2011 年发展到 249.35 万人,增长了 22.15 倍,年均增长率为 5.20%。其中,1959 年人口数量变化最大,增长率达 44.25%,1983 年人口变化最小,较上年减少 0.25%。城市人口持续增长,城市人口密度也随人口增加而快速上升,2011 年达

181 人/km², 是 1949 年 8 人/km² 的 23.15 倍,是 1995 年 117 人/km² 的 1.55 倍。农村人口以 2003 年为节点,2003 年以前农村人口逐年减少,2003 年以后农村人口略有增加。

非农人口数量变化与总人口变化趋势基本一致,总体呈增长趋势(图 3-5),2011 年乌鲁木齐市非农人口为 183.30 万人,是 1949 年 10.52 万人的 17.43 倍,年均增长 4.72%。其中,1959 年非农人口增长率达 56.40%,为历年最大,1990 年非农人口变化最小,较上年仅增长 0.03%。非农人口占总人口比重则总体有所下降(图 3-5),从 1949 年的 97.66% 降至 2011 年的 73.51%,非农人口比重最高年份是 1950 年,占比 97.82%,最低年份是 1972 年,仅占比 63.71%。

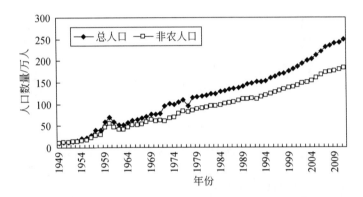

图 3-4　1949~2011 年乌鲁木齐市人口增长曲线

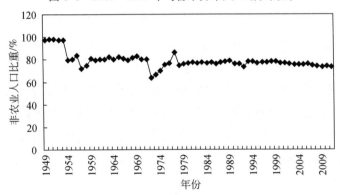

图 3-5　1949~2011 年乌鲁木齐市非农人口比重变化

根据乌鲁木齐市的人口变化曲线,其人口增长大致可分为三个阶段。

1)快速增长阶段(1949~1960 年)

1949~1960 年为乌鲁木齐市人口快速增长阶段,人口约增长 6.5 倍,年均增长率达 18.60%。该阶段中,1954 年人口突破 20 万(20.24 万人);1959 年人口突破 50 万(58.93 万人),城市规模迅速扩大。新中国成立后国家发展的宏观背景及出台的各项政策,导致人口出现机械增长,"一五"期间(1953~1957 年),乌鲁木齐市人口平均增长率高达 23.46%,远高于历史任何时期(图 3-6)。1959 年,乌鲁木齐市人口净迁移量达 7.63 万人,净迁移量为历史最高,1960 年迁入人口 14.24 万人,为历史上人口迁入最多的年份。这一阶段,非农人口数量也呈快速增长,但非农人口比重有所下降,1960 年降至 79.64%。

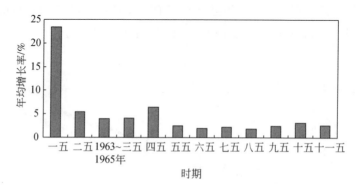

图 3-6　各计划时期乌鲁木齐市人口年均增长率

2)波动增长阶段(1961~1978 年)

该阶段,乌鲁木齐市人口先大幅降低(1961~1962 年),然后逐渐恢复(1963~1969 年),继而波动增长(1970~1978 年)。1978 年总人口 114.84 万人仅为 1960 年 70.40 万人的 1.63 倍,18 年间的年均增长率为 2.76%。1973 年总人口首次突破 100 万,1978 年为 114.84 万人,但这一时期的人口总体增长缓慢,60 年来乌鲁木齐市人口减少最大的三个年份均出现在这一阶段,是曲折发展阶段。较大的人口波动,与人口机械变动有直接关系,60 年代初人口出现大量外迁,后有所回升,1977 年又出现大量人口外迁,随后乌鲁木齐市人口一直以净迁入为主。这一阶段,非农人口比重波动较大,1972 年为最小,仅 63.71%,1977 年最大,达 86.30%,5 年间相差近 23 个百分点。

3)平稳增长阶段(1979 年至今)

1979 年以来,乌鲁木齐市人口总量平稳增长,2011 年人口总量为 1978 年的 2.17 倍,年均增长率为 2.38%,各年的人口增长率均维持在一定水平。1992 年,人口超过了 150 万(152.24 万人),进入稳步增长阶段。到 2004 年,乌鲁木齐市总人口突破 200 万大关(204.60 万人)。非农人口也稳步增加,到 2003 年非农人口超过 150 万(150.07 万人),非农人口比重则一直稳定为 73%～79%。

3.2.2　经济发展

乌鲁木齐市经济发展呈持续增长态势(图 3-7),地区生产总值由 1978 年的 8.62 亿元增至 2011 年的 1690.03 亿元(按当年价计算),33 年间增长了 195 倍,按可比价计算,增长了 39.65 倍,年均增长率为 11.88%。尤其第二、第三产业增长迅速,分别由 1978 年的 3.79 亿元、4.36 亿元增至 2011 年的 759.06 亿元、908.92 亿元,增幅均超过 200 倍;第一产业发展相对稳定,1978 年第一产业产值为 0.47 亿元,2011 年为 22.06 亿元,增长了近 46 倍。2011 年人均 GDP 为 52649 元,是 1978 年 713 元的 73.84 倍,按可比价计算,增长了 15.02 倍,年均增长 8.77%。

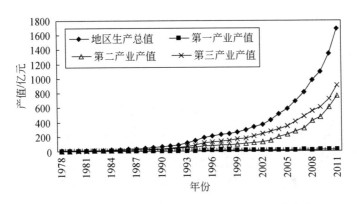

图 3-7　1978～2011 年乌鲁木齐市地区生产总值变化

从产业结构上看(图 3-8),第一产业比重极低,历年均低于 6%,且呈持续下降趋势,2011 年第一产业比重为 1.31%;第二、第三产业发展以 1984 年和 2002 年为节点,产业比重分别表现为升—降—升和降—升—降的态势,第二产业产值比重在 1984 年最高,为 56.83%,在 2002 年最低,为 33.33%,第三产业产值比重在 1984 年为最低,为 38.72%,2002 年为历年最高,达 64.28%。2011 年第二、第三产业比重基本和 1978 年保持一致,除 1980～1986 年之外,第三产业比重均高于第二产业。

乌鲁木齐市三次产业产值均持续增长,但不同时期的增长速度不同,呈现较大的波动性(图 3-9)。"三五"以前的三次产业产值变化波动最为剧烈,"三五"、"四五"期间,因国家发展环境的影响,各产业均发展缓慢,尤其是第二产业几乎停滞不前。"五五"、"六五"期间,各产业快速发展,"七五"开始增速有所下降,"十五"以后,各产业产值呈现稳步增长态势,但第一产业增速有所下降。

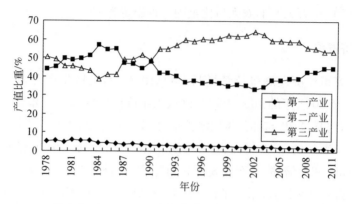

图 3-8　1978～2011 年乌鲁木齐市产业结构变化

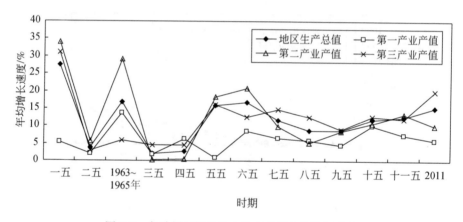

图 3-9　各计划时期乌鲁木齐市产值年均增长速度

3.2.3　用地扩张

1. 建成区面积扩张

乌鲁木齐市建成区面积不断扩张,1985 年仅 49km²,2011 年增至 383.80km²,26 年间增长了近 7 倍,年平均扩展面积 12.88km²。1995 年以前,乌鲁木齐市建成区面积变化不大,增长缓慢,1995 年以后城市形态基本确定,城市规模迅速扩大,1995～2000 年面积增速与历年平均一致,年均扩展面积为 11.31km²,之后有所减缓,2005 年以后,建成区面积迅速扩张,2005～2008 年,平均每年以 42.12km² 的速度扩展。此后增速略有减缓(表 3-1 和图 3-10)。

表 3-1　1985～2011 年乌鲁木齐市建成区面积变化

年份	1985	1990	1995	2000	2005	2008	2010	2011
面积/km²	49.00	63.50	83.00	139.55	176.43	302.80	343.00	383.80
时期/年	—	1985～ 1990	1990～ 1995	1995～ 2000	2000～ 2005	2005～ 2008	2008～ 2010	2010～ 2011
年均增加 面积/km²	—	2.90	3.90	11.31	7.37	42.12	20.10	40.80

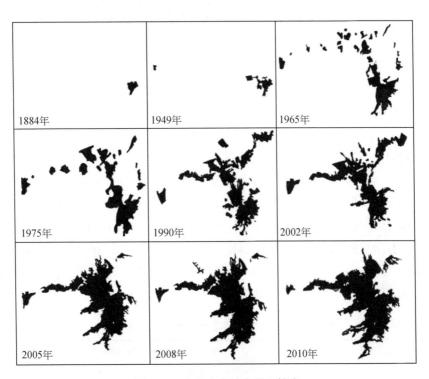

图 3-10　乌鲁木齐城市用地扩张

　　以建成区面积除以非农人口数量,得出乌鲁木齐市人均建成区面积(图 3-11)。由图 3-11 可知,人均建成区面积变化可分为三个阶段,1985～1999 年,基本保持在 0.60km²/万人,2000 年增至 1km²/万人,此后至 2005 年变化不大,2006 年后呈现逐年增长趋势,到 2011 年增至 2.09km²/万人,6 年间年均增加 1.66km²/万人。

　　2. 用地结构变化

　　农用地是乌鲁木齐市(含米泉市)的主要用地类型,十几年间变化不大,基本保

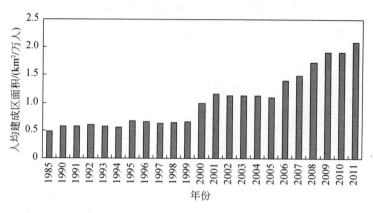

图 3-11　乌鲁木齐市人均建成区面积

持在 80% 以上,牧草地在土地总面积中占有绝对比重,建设用地所占比例仅为 4% 左右。1996 年农用地面积为 12290.97km²,2008 年降至 12251.00km²,面积减少 39.96km²,占总面积的比重由 81.00% 降至 80.74%,降幅为 0.26%。其中,耕地和牧草地面积有所减少,占总面积比重分别由 1996 年的 6.67% 和 69.05% 降至 2008 年的 6.39% 和 68.67%,年均减少分别为 3.56km²、4.76km²,耕地面积减少主要是由于城市发展的用地需求增加;园地和水域面积较小,变化不大,林地面积略有增加,1996 年为 634.59km²,2008 年为 676.82km²,年均增加 3.52km²。建设用地面积有所增加,1996 年为 575.05km²,2008 年为 665.57km²,占总面积的比重由 3.79% 增至 4.39%,其中,城镇村及工矿用地增加幅度最大,增加了 63.32km²,所占比例增加了 0.42%,年均增加面积为 5.28km²(表 3-2)。

表 3-2　1996~2008 年乌鲁木齐市土地利用结构

地类		1996 年		2000 年		2005 年		2008 年	
		面积/km²	比重/%	面积/km²	比重/%	面积/km²	比重/%	面积/km²	比重/%
农用地	耕地	1012.21	6.67	1015.27	6.69	972.14	6.41	969.51	6.39
	园地	15.75	0.10	21.34	0.14	36.10	0.24	35.56	0.23
	林地	634.59	4.18	627.11	4.13	677.18	4.46	676.82	4.46
	牧草地	10476.86	69.05	10477.13	69.05	10433.74	68.76	10419.77	68.67
	水面	151.56	1.00	147.94	0.98	149.23	0.98	149.35	0.98
	合计	12290.97	81.00	12288.78	80.99	12268.39	80.85	12251.01	80.74

续表

地类		1996 年		2000 年		2005 年		2008 年	
		面积/km²	比重/%	面积/km²	比重/%	面积/km²	比重/%	面积/km²	比重/%
建设用地	城镇工矿	412.81	2.72	425.54	2.80	454.69	3.00	476.13	3.14
	交通运输	67.79	0.45	72.23	0.48	75.74	0.50	77.96	0.51
	水利设施	94.46	0.62	96.12	0.63	111.28	0.73	111.48	0.73
	合计	575.06	3.79	593.89	3.91	641.71	4.23	665.57	4.39
未利用地		2307.12	15.21	2290.47	15.10	2263.03	14.91	2256.56	14.87
总计		15173.13	100.00	15173.13	100.00	15173.13	100.00	15173.13	100.00

3. 绿地面积变化

城市全面发展离不开绿化建设,乌鲁木齐市城市公共绿地面积持续扩大,但由于人口增速远大于公共绿地的增长速度,人均公共绿地面积变化不大(表3-3)。建成区园林绿地面积由 1978 年的 540hm² 增至 1990 年的 2236hm²,到 2011 年达12731hm²,33 年来增长了近 22 倍,年均增加 370hm²。1990~2011 年,乌鲁木齐市建成区园林绿地面积增加了10495hm²,但人口增加了103.10 万人,人口的大幅增加减缓了人均公共绿地面积的增加,控制人口增长将有助于提高人均公共绿地。建成区绿化覆盖率由 1990 年的 21.80%增至 2011 年的 36.16%,21 年间提高了 14.36 个百分点,期间建成区面积扩大了 320km²,建成区的绿化速度更快,随着城市的发展,尤其荒山绿化工程的推进,近几年乌鲁木齐市建成区绿化覆盖率大幅提高。

表 3-3　人均公共绿地面积及建成区绿化覆盖率

年份	1990	1995	2000	2005	2006	2007	2008	2009	2010	2011
人均公共绿地面积/m²	4.30	4.01	5.00	4.20	5.40	6.90	6.00	6.91	7.39	9.07
建成区绿化覆盖率/%	21.80	21.56	19.95	25.31	21.47	24.22	24.22	34.25	34.80	36.16

3.2.4　城市发展阶段划分

乌鲁木齐市的城市发展大致可划分为五个阶段:

(1)城市发展雏形。新中国成立以前,乌鲁木齐市城市规模较小,总人口不足10 万,处于荒漠经济向绿洲经济的转变阶段,城市发展略显雏形,基本以农业为主,工业多为手工业,第三产业处于萌芽和缓慢发展阶段。该阶段乌鲁木齐市的环境问题主要体现在生态方面,即干旱区绿洲生态系统问题,风沙、山洪、泥石流等一些自然灾害和污染问题尚不突出,人类活动对环境的影响在系统内部就可以自动调节恢复。

(2)城市发展早期。1949~1956 年,乌鲁木齐市有了初步发展,人口规模有所扩大,超过了 20 万人,绿洲经济特征更加明显,工业开始起步,第二、第三产业产值比重逐渐增加,农业在国民经济中的地位有所下降。工业结构比较单一,交通闭塞,运输主要依靠畜力,教育、卫生等公共设施简陋,城市发展集中在老城区及其周围。这一时期,城市饮用水和地下水水质好,城市可供水量大于需水量,人口压力较小,城市生态环境问题并不突出。

(3)城市发展中期。1957~1978 年,城市经济发展较为缓慢,地区生产总值波动较大,有增有减,但总体上是上升趋势。乌鲁木齐市大规模开垦土地,耕地面积有所增加,总人口、非农人口和主要农作物播种面积较城市发展早期都有较大幅度的提高。大气污染问题逐步呈现,环境污染问题开始引起人们的关注。

(4)城市第一次飞跃发展。1979~1992 年,乌鲁木齐市社会经济快速发展,农业产值稳步增加,工业快速发展,重、轻工业并存,商业、服务业、金融业等第三产业发展迅猛,城市基础设施初具规模。人口规模超过 100 万,14 年间总人口较前一时期增加了近 40 万,地区生产总值增长了近 10 倍。第一产业比重有所下降,第二、第三产业较快发展。但耕地面积大幅减少,建设用地占用了大量耕地,城市环境问题突出,水资源供需矛盾尖锐,地下水位下降,废水排放量大幅增加。

(5)城市第二次飞跃发展。1993 年以后,乌鲁木齐市进入城市迅速发展时期,人口和经济高速增长,到 2011 年总人口达到近 250 万,地区生产总值达 1690 亿元。耕地面积呈缓慢减少趋势,第一产业比重进一步下降,2011 年三次产业结构为 1.31:44.91:53.78,尤其第三产业发展迅速,乌鲁木齐市发展成为依靠二、三产业带动发展的大型城市。环境问题成为制约城市发展一个重要因素,大气污染尤为严重,城市缺水问题已成为不争的事实,水污染的加剧使水资源供需矛盾更加尖锐。

3.2.5　城市发展的主要问题

城市发展主要存在以下问题:

1)产业结构日趋合理,但产业不强

2011 年,乌鲁木齐市三次产业结构为 1.31:44.91:53.78,第一产业比重低,第三产业比重最高,产业结构基本趋于完善。但是,农业生产技术水平落后于我国发达地区,是农业发展相对缓慢的主要原因,生产技术的提高将促进农业发展水平。第二产业自 1999 年以来有上升趋势,但工业内部以重型工业为主,轻工业发展不足,尤其是高新技术产业相对落后,工业企业缺乏竞争力。第三产业中,缺少高质量的金融与管理机构,需加快引进与做强,为打造中亚金融中心提供基础。

2)城市腹地过小,交通发展滞后

乌鲁木齐市目前仅辖乌鲁木齐县,在未来城市发展中,发展空间明显不足,"大城市、小郊区"的矛盾非常突出,影响了中心城市吸引、辐射、凝聚作用的发挥。城市的地理位置也造成了较大的交通问题,乌鲁木齐市距东部发达地区较远,以铁路和航空为主要运输方式,物流不便且成本较高,影响了产业发展与产品市场的开拓。由于山地制约和老城区规划不合理,加上城市公共交通发展滞后于城市建设,乌鲁木齐市内交通状况面临严重压力,影响城市发展和人口的流动(海热提·吐尔逊等,2000;雪克莱提·扎克尔,2007)。

3)发展环境特殊,人才流失严重

乌鲁木齐市是少数民族地区的首府,也是我国西部的重要枢纽门户,在经济发展中具有一定的政策优势,但特殊的政治环境导致其经济发展具有较强的操纵性,形成了特殊的发展模式,影响了城市社会经济的活跃程度。和内地发达城市相比,乌鲁木齐市的文化教育发展速度较为滞后,人才流失问题十分严重,人才引进及培养问题亟须解决。

4)水资源不足,环境问题突出

新疆的水资源地域分布不均,干旱缺水是制约区域社会经济可持续发展的首要因素。由于城市规模扩大和经济快速发展,乌鲁木齐市水资源紧缺的矛盾日益尖锐,如不及早进行区域间的调水工程,势必影响工、农业用水,进而影响城市规模的扩大。特殊的地理条件和不合理的能源结构,也使得乌鲁木齐市空气污染严重,同时风沙干旱、水环境污染加重、草场退化、耕地面积减小等问题也严重制约乌鲁木齐城市发展。这影响了乌鲁木齐市旅游业和高新技术产业的进一步发展,并制约城市人口和人才的适度扩张(海热提·吐尔逊等,2000)。

3.3　水资源开发利用现状

3.3.1　水资源总量与质量

1. 水资源总量

乌鲁木齐市的地形大致为东、南、西三面环山,北部为倾斜平原。大西洋和北冰洋冷湿气流随西风环流进入新疆,从西北方向影响乌鲁木齐,是乌鲁木齐市的主要水蒸气来源。降水量地区分布不均,山区多、平原少,西部多、东部少,迎风坡多、背风坡少。受水蒸气条件和地理位置的影响,乌鲁木齐市不同季节的降水量不均,山区雨季主要出现在5~8月,平原区雨季主要集中在4~7月。

　　乌鲁木齐市多年平均降水量为 28.1474×10⁸m³。约有 34.8% 的降水量形成地表水资源量,4.9% 形成独立平原地下水资源,其余 60.3% 消耗于地表水体、植物土壤的蒸发和潜水蒸发等。2010 年降水量为 21.3954×10⁸m³,折合降水深 150.5mm,比 2009 年的 23.9128×10⁸m³ 偏少 10.5%,比多年平均值偏少 24.0%;水资源总量为 9.3922×10⁸m³,仅占新疆水资源总量 1124.00×10⁸m³ 的 0.84%,其中,地表水资源量 9.0942×10⁸m³,折合径流深 64.0mm,较 2009 年偏少 19.4%,较多年平均值偏少 13.9%;地下水资源量 4.0340×10⁸m³,地表水与地下水重复量为 3.7360×10⁸m³,产水系数为 0.439。其中,比较容易开发利用的为河川基流量和平原区的潜水溢出量,约占水资源总量的 35%。

　　根据 1995~2010 年乌鲁木齐水资源公报统计数据(图 3-12),乌鲁木齐市的水资源量存在较大的波动性,1996 年达到最大值 14.92×10⁸m³,1997 年达到最小值 9.04×10⁸m³,16 年平均值为 11.20×10⁸m³。从水资源结构来看,乌鲁木齐市水资源以地表水为主,平均地下水资源量仅为 0.68×10⁸m³,并呈逐年减少的趋势,水资源总量也随地表水资源量的变化而波动变化。

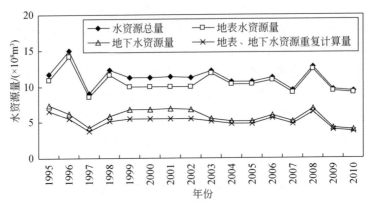

图 3-12　1995~2010 年乌鲁木齐市水资源量

　　人均水资源量变化较大(图 3-13),最高(2008 年)达 618m³,是最低(1997 年)时 198m³ 的 3 倍多。1998 年以后,乌鲁木齐市人均水资源量基本保持在 400m³ 左右,2010 年为 448m³,远低于全疆 5120m³ 的平均水平。

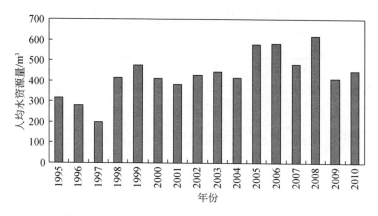

图 3-13　1995～2010 年乌鲁木齐市人均水资源量

2. 水资源分布

1)地表水资源

地表水资源是由当地降水形成的地表径流量,乌鲁木齐市行政区界内控制的多年平均地表水产水量为 $9.98 \times 10^8 \mathrm{m}^3$,主要产于两大山区,其中,南山地区年产水量 $5.27 \times 10^8 \mathrm{m}^3$,占全市总产水量的 52.4%,东部博格达山年产水量 $4.18 \times 10^8 \mathrm{m}^3$,占全市总产水量的 41.6%,南山矿区的阿拉沟行政区内年产水量 $0.61 \times 10^8 \mathrm{m}^3$,占 6.0%。

根据河流的发源、运移、消散区域的划分,乌鲁木齐市主要分为五个水系,乌鲁木齐河水系、头屯河水系、柴窝堡湖水系、白杨河水系和阿拉沟水系。乌鲁木齐河水系是区域内流程最长、年径流量最大、流域面积最广的河流,是分布于河流两岸农业区及位于乌鲁木齐河下游河谷(市区)城市生活和工业生产的主要供水水源,乌鲁木齐河出山口英雄桥水文站多年平均径流量为 $2.4371 \times 10^8 \mathrm{m}^3$,2010 年年径流量为 $2.2470 \times 10^8 \mathrm{m}^3$,比多年平均值偏少 7.8%。其他主要河流 2010 年年径流量如表 3-4 所示。

2010 年乌鲁木齐市各行政分区的地表水资源量与上年相比(表 3-5),除达坂城区偏多 17.6%,其他各区均偏少 19.4%～34.4%;和多年平均值相比,水磨沟区、头屯河区分别偏多 73.4%、12.8%,其他各区均偏少 3.3%～34.7%。从流域分区看(表 3-6),2010 年除白杨河流域的地表水资源量较上年偏多 38.2%、较多年平均偏多 0.1%,其他流域的地表水资源量均较上年偏少 10.6%～40.0%、较多年平均偏少 13.9%～26.4%。

表 3-4　乌鲁木齐市主要河流年径流量

主要河流	2010 年河流年径流量/(×10⁸m³)	2009 年河流年径流量/(×10⁸m³)	较 2009 年比例/%	多年平均	较多年平均比例/%
乌鲁木齐河	2.2470	2.7303	−17.7	2.4371	−7.8
水磨沟泉水河	0.3166	0.3251	−2.6	0.4379	−27.7
板房沟河*	0.6194	0.4331	43	0.5267	17.6
头屯河	1.6779	2.3016	−27.1	2.2798	−26.4
白杨沟河*	0.2032	0.1509	34.7	0.2527	−19.6
黑沟河	0.6924	0.3761	84.1	0.5054	37.0
阿克苏河*	1.2000	0.6826	75.8	0.8505	41.1
高崖子河*	0.7130	0.4860	46.7	0.6862	3.9

注：数据来源于 2010 年乌鲁木齐水资源公报。* 为采用相关分析法所得，多年平均径流资料统计截至 2005 年。

表 3-5　乌鲁木齐市行政分区降水量与水资源量

行政区	计算面积/km²	2010 年降水量/(×10⁸m³)	多年平均降水量/(×10⁸m³)	比较/%	2010 年地表水资源量/(×10⁸m³)	多年平均地表水资源量/(×10⁸m³)	比较/%
天山区	167.1	0.2849	0.3280	−13.1	0.0390	0.0403	−3.3
沙依巴克区	422.1	0.6746	0.9205	−26.7	0.0986	0.1480	−33.4
新市区	140.7	0.1849	0.3378	−45.3	0.0228	0.0246	−7.4
水磨沟区	284.3	0.4543	0.3595	26.4	0.0929	0.0536	73.4
头屯河区	273.0	0.5265	0.5802	−9.3	0.0767	0.0680	12.8
米东区	3407.4	1.0493	0.8566	22.5	0.3138	0.4804	−34.7
达坂城区	5195.5	7.9847	13.5000	−40.9	3.6561	4.4260	−17.4
乌鲁木齐县	4326.2	10.2362	11.2500	−11.2	4.7943	5.3150	−9.8
合计	14216.3	21.3954	28.1474	−24.0	9.0942	10.5596	−13.9

表 3-6　乌鲁木齐市流域分区降水量与水资源量

流域区	计算面积/km²	2010 年降水量/(×10⁸m³)	多年平均降水量/(×10⁸m³)	比较/%	2010 年地表水资源量/(×10⁸m³)	多年平均地表水资源量/(×10⁸m³)	比较/%
乌鲁木齐河流域	7231.3	9.2620	11.9136	−22.3	3.9347	4.6631	−15.6
头屯河流域	1050.0	3.2130	3.6049	−10.9	1.1142	1.5135	−26.4
柴窝堡流域	1960.8	2.6143	3.5632	−26.6	1.0585	1.3355	−20.7
白杨河流域	3281.5	5.5670	7.5876	−26.6	2.7495	2.748	0.1
阿拉沟流域	692.7	0.7391	1.4781	−50.0	0.2373	0.2995	−20.8
合计	14216.3	21.3954	28.1474	−24.0	9.0942	10.5596	−13.9

2)地下水资源

地下水资源量是指降水和地表水体(含河道、湖库、渠系和田间)入渗补给地下含水层的动态水量。山丘区采用排泄量计算,包括河川基流量、山前侧向流出量、潜水蒸发量和地下水开采净消耗量;平原区采用补给量法计算,包括降水入渗补给量、地表水体入渗补给量和山前侧向补给量;在确定地下水资源量时,扣除山丘区和平原区之间的重复计算量。

乌鲁木齐市地下水主要有基岩裂隙水、碎屑岩类裂隙孔隙水和松散岩类孔隙水。地下水的补给、径流和排泄受地质条件和地理环境影响而呈现一定的规律。山区地势高峻,降水充沛,是地表水的产流区,也是地下水的形成区。山区的大气降水和冰川融水沿岩石裂隙和孔隙下渗,形成基岩区分布不均匀的裂隙水和裂隙孔隙水,山区地下水沿岩石裂隙由高处向低处径流,大部分在深切沟谷中以泉的形式进行排泄并汇入地表河流,在山前地带河水又大量下渗,成为盆地或平原地下水的重要补给来源。另一部分山区地下水则以河谷潜流和侧向排泄的方式直接补给与其接触的盆地或平原地下水。

2010 年乌鲁木齐市平原区地下水补给量 $2.6980 \times 10^8 \mathrm{m}^3$,其中降水入渗补给量 $0.027 \times 10^8 \mathrm{m}^3$,山前侧渗补给量 $0.2710 \times 10^8 \mathrm{m}^3$;平原区地下水资源量 $2.2180 \times 10^8 \mathrm{m}^3$,山丘区地下水资源量 $2.5590 \times 10^8 \mathrm{m}^3$,平原区与山丘区地下水重复计算量为 $0.7430 \times 10^8 \mathrm{m}^3$,乌鲁木齐市地下水资源总量为 $4.0340 \times 10^8 \mathrm{m}^3$。

根据 2010 年乌鲁木齐市 $1880 \mathrm{km}^2$ 地下水位监测区的实测数据,乌鲁木齐市地下水总体呈负均衡状态。2010 年末地下水位与 1980 年末相比,监测区柴窝堡盆地山前平原一带、仓房沟地区、河谷东侧阶地地下水位相对稳定,柴窝堡盆地柴北水源地、柴西水源地周围 8km 范围内、西山农场、乌拉泊地区、市区乌拉泊—鲤鱼山段、八家户地区及北部砾质平原米泉地区地下水多年水位动态呈下降趋势,平原累计降幅分别为 7.04m、6.05m、3.98m、1.44m、3.01m、0.97m 和 8.38m;二宫地段地区地下水多年水位动态呈上升趋势,平均累计上升 1.31m。

3. 水资源质量

水质是反映水环境质量的重要指标之一,直接影响人的身体健康,水质性缺水也可能加剧水源性缺水。2010 年乌鲁木齐市废污水排放总量 $2.1510 \times 10^8 \mathrm{t}$(含八钢、石化等区域,不含电厂),城市废污水集中排放量 $1.6439 \times 10^8 \mathrm{t}$。城市废污水集中处理率 86.8%,处理后用于农业灌溉、绿化及工业的有 $5276 \times 10^4 \mathrm{t}$,占废污水总处理量的 37.0%,占废污水总量的 24.5%,约有 $8987 \times 10^4 \mathrm{t}$ 达标排放的中水入河、库及渗入地下补给地下水。

1)地表水水质

2000 年,分布在乌鲁木齐市的地表水体 80%以上水质良好,可以满足各种用水要求;10%左右水质较差,主要是硫酸盐或氟化物含量偏高,经适当处理后可开发用作各种用水;8%的水质污染严重,其中部分仅可作为农业灌溉用水。

2010 年,依据《地表水环境质量标准》(GB 3838—2002),采用 28 项参评指标对乌鲁木齐河、水磨河的重点河段进行监测和评价。两河全年期评价河长 176km,符合和优于地表水环境Ⅲ类标准的河长 155km,占总评价河长的 88.1%,其中,Ⅰ类水质占 79.5%,Ⅱ类水质占 6.8%,Ⅲ类水质占 1.7%;劣于Ⅲ类河长 21km,占11.9%,其中,Ⅳ类水质占 3.4%、Ⅴ类水质占 0.6%、劣Ⅴ类占 8.0%。利用 23 项指标全年监测乌鲁木齐市的 1 个湖泊、2 座水库,其中,柴窝堡湖水体类别为劣Ⅴ类,水质受到重度污染,营养状态处于重度富营养化;乌拉泊水库总体水质属劣Ⅴ类,水体受到重度污染,总磷、总氮超标,营养状态处于中营养化;红雁池水库水体受到中度污染,类别为Ⅴ类,总氮超标,营养状态处于轻度富营养化。乌鲁木齐城市饮用水乌拉泊地表水水源地水质综合污染指数为 0.26,属于二级尚清洁水质,监测合格比例 100%。

根据河流水功能区划,乌鲁木齐河跃进桥和英雄桥两个断面属于饮用水源保护区,其余断面属农业灌溉用水区。河流内的工业废水注入极少,加上流量较大,流程长,其稀释自净能力较强,而且河流保护相对较好。跃进桥和英雄桥两断面水质清洁,受乌鲁木齐城市经济活动影响较小,几十年来水质变化不大,分别为Ⅰ类和Ⅱ类水质,均满足饮用水源保护区对水质的要求,且近几年水质有所改善;中、下游水体都受到不同程度污染,由于沿岸居民和店铺将各种污水排入河流,生活垃圾、工业固体废弃物等散堆在岸边,导致水质明显下降,自上而下污染呈递增趋势,下游部分开发利用区水体功能达不到农业灌溉用水的要求。

水磨河属农业灌溉用水区,上游搪瓷厂泉断面水质清洁,评价指标均未超标,为Ⅱ类水质;中、下游三个断面因受沿岸工业以及居民生活等人为因素影响,每年接纳沿岸众多工矿企业排放的大量污染物含量很高的工业废水,水体受到重度污染,水质均为劣Ⅴ类,不能达到农业灌溉用水要求。

2)地下水水质

2000 年乌鲁木齐市大部分地区地下水水质较以前趋于好转,柴窝堡水源地、水磨沟、仓房沟、西山、六道湾及 102 团、103 团等大部分地区地下水中 Cl^-、SO_4^{2-}、NO_3^- 等各项水质评价项目与离子含量均有不同程度下降,水质趋于好转。乌拉泊地区、乌拉泊—红山嘴地区及老满城地区的水质则有所下降。

2010 年,依据《地下水质量标准》(GB/T 14848—93)对乌鲁木齐市地下水全年监测区总长 1800km,其中Ⅰ类水质占 47.3%,Ⅱ类水质占 18.5%,Ⅲ类水质占 0.6%,水质达到Ⅲ类以上标准的区域主要分布在柴窝堡湖盆地、乌拉泊—三甬碑浅水区和米泉羊毛工镇中-深层承压水区;Ⅳ类水质占 33.3%,Ⅴ类水质占 0.3%,主要分布在西山农场、乌鲁木齐市区三甬碑以北、市区河谷两侧及北郊米泉大部分地区。北部平原东侧米泉、西侧小地窝堡区、市区北东戈壁区及河谷地下水污染较为严重,总硬度、溶解性总固体、硫酸盐、氯化物、硝酸盐氮、亚硝酸盐氮和氨氮等超过Ⅱ类水质标准。

乌鲁木齐市地势为南高北低,地下水总流向也基本由南向北,由于城市工业和生活污水的排放、地表水和地下水之间的转化等,乌鲁木齐市区北部地下水质比南部差。东南郊、西北郊片区受城市工业、生活污水的影响相对较小,水质级别属于二级良好,而市区北和市区南的水质属于四级较差,全市平均水平为四级较差。市区南、北工业企业较多,人口密度也比较大,经济活动对地下水的影响明显要大于郊区。乌鲁木齐城市迅速发展,城市面貌变化巨大,工业发展迅速,城市需水量急剧增加,地下水处于严重超采状态,城市污水排放量的增加也是地下水污染的重要原因。

3.3.2　水资源开发利用现状

水资源开发利用与城市发展密切相关,城市各项功能的发挥离不开水资源开发利用的支持,为更加深入地分析城市发展与水资源利用之间的关系,对乌鲁木齐市水资源开发利用现状进行分析。

1. 水资源开发

1)水利工程建设

地表水源工程。乌鲁木齐市共建有水库 16 座,其中,中型水库 6 座,小型水库 10 座,总蓄水能力 $1.46 \times 10^8 \, m^3$;建成永久性渠首工程 9 座,实际年引水能力达 83m^3/s;建成输水防渗干渠 158.8km。

地下水源工程。乌鲁木齐市共有七个集中供水水源地:三屯碑—燕儿窝水源地、哈马山水源地、水磨沟水源地、石墩子山水源地、柴窝堡水源地、石化总厂水源地、青格达湖水源地。随着工农业生产的发展和人民生活水平的提高,受现有水利工程和节水技术的限制,已有地表水资源和自来水公司的供水量远远不能满足各行业的用水需求,各企业、区、乡等单位大多有了自备开采井,为乌鲁木齐市水资源供给提供了必要的补充。

外调水工程。随着城市发展对水资源需求量的进一步加大,本地水源难以满足工农业发展的需要,在经济和技术条件允许的情况下,乌鲁木齐市开始借助跨流域调水工程。其中,引额济克工程是新疆引额供水工程的重要组成部分,是以城镇和工业、石油供水为主的大型跨流域调水工程,包括水源工程、输水工程、尾部调节水库和受水区配水工程四部分。该工程于 2011 年正式开工建设,计划到 2030 年向乌鲁木齐经济区供水 $4.2\times10^8 m^3$。

2)水资源开发利用率

乌鲁木齐市水资源开发率持续快速增长(图 3-14),1995 年不到 40%,到 2009 年已超过了 100%,2010 年水资源开发利用率达 115.98%,开发利用量超过了区域的水资源总量。水资源开发率的增长以地下水开发率增长为主,1998~2010 年地下水开发利用率由 26.98%开始,快速超过 100%,到 2010 年达 123.11%;而地表水开发率总体处于 30%~60%,波动不大,2010 年超过 60%,达 62.68%。可见,随着社会经济快速发展,乌鲁木齐市水资源的需求量也不断提高,水资源开发利用率大幅上升,甚至已超过区域的水资源总量,这加剧了区域发展与水资源之间的矛盾。

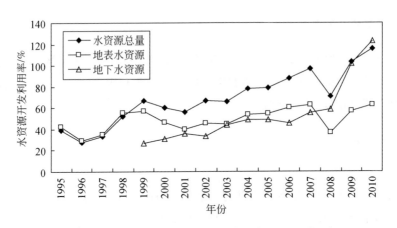

图 3-14　1995~2010 年乌鲁木齐市水资源开发利用率

2. 水资源供给

供水量是指各种水源工程为用户提供的(包括输水损失)供水量,按地表水源、地下水源和其他水源(污水处理再利用量等)分类统计。乌鲁木齐市供水水源主要为地表水和地下水两种形式。地表水主要依赖于乌鲁木齐河、头屯河、白杨河等水系供水,加之乌拉泊、红雁池、头屯河及红岩等水库的调节,供水保证率较高;地下水供水包括城市自来水水厂供水和城区自备井水源及乌鲁木齐县等分散开采供水三部分。

1)供水总量

2010 年乌鲁木齐市总供水量 $10.8931 \times 10^8 m^3$。地表水源供水量 $5.7004 \times 10^8 m^3$,占总供水量的 52.33%,其中,蓄水工程供水量 $1.3607 \times 10^8 m^3$,引水工程供水量 $4.3402 \times 10^8 m^3$;地下水源供水量 $4.9664 \times 10^8 m^3$,占总供水量的 45.59%,其中,机电井供水量 $3.9128 \times 10^8 m^3$,平原泉水供水量 $1.0536 \times 10^8 m^3$。平原泉水供水量中,乌拉泊水库蓄水工程水量为 $0.3826 \times 10^8 m^3$,提水工程水量为 $0.0225 \times 10^8 m^3$,其余 $0.6485 \times 10^8 m^3$ 为引水工程水量。计入总供水量内的其他水源供水量 $0.2263 \times 10^8 m^3$,占 2.08%(图 3-15)。

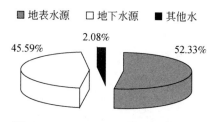

图 3-15　2010 年乌鲁木齐市供水结构

乌鲁木齐市供水总量波动增长(表 3-7),从 1995 年的 $4.59 \times 10^8 m^3$ 增长到 2010 年的 $10.89 \times 10^8 m^3$,提高了 137 个百分点。其中,地表水实际供水量总体维持在 $5 \times 10^8 m^3$ 左右,1995 年和 2000 年为 $4.59 \times 10^8 m^3$,2010 年为 $5.70 \times 10^8 m^3$,其占总供水量的比例总体也有所下降,1995 年几乎提供全部的水源,2000 年地表水占总供水量的比例为 67.99%,2008 年开始低于 60%,2010 年为 52.33%,较 2000 年下降了 15.66 个百分点;地下水源供给量持续快速增长,1999 年仅 $1.84 \times 10^8 m^3$,2010 年地下水供水量已达 $4.97 \times 10^8 m^3$,增长了 1.7 倍,占总供水量的比例也持续增长,由 1999 年的 24.40% 提高到 45.59%;其他水源供给量不大,所占比重不足 10%(图 3-16)。

表 3-7　1995～2010 年乌鲁木齐市供水量及其结构

年份	供水总量 /(×10⁸m³)	地表水源		地下水源		其他水源	
		供给量 /(×10⁸m³)	比重/%	供给量 /(×10⁸m³)	比重/%	供给量 /(×10⁸m³)	比重/%
1995	4.59	4.59	100	0	0	0	0
1996	4.17	4.17	100	0	0	0	0
1997	3.01	3.01	100	0	0	0	0
1998	6.44	6.44	100	0	0	0	0
1999	7.54	5.70	75.60	1.84	24.40	0	0
2000	6.75	4.59	67.99	2.12	31.44	0.04	0.58
2001	6.44	3.97	61.63	2.47	38.37	0	0
2002	7.52	4.58	60.94	2.28	30.28	0.66	8.78
2003	8.05	5.24	65.09	2.45	30.47	0.36	4.44
2004	8.37	5.55	66.31	2.52	30.11	0.30	3.58
2005	8.37	5.55	66.31	2.52	30.11	0.30	3.58
2006	9.92	6.55	66.03	2.71	27.32	0.66	6.65
2007	9.22	5.77	62.58	2.87	31.13	0.58	6.29
2008	9.00	4.49	49.89	4.06	45.11	0.45	5.00
2009	9.93	5.33	53.68	4.32	43.50	0.28	2.82
2010	10.89	5.70	52.33	4.97	45.59	0.23	2.08

注:数据来源于历年乌鲁木齐水资源公报。

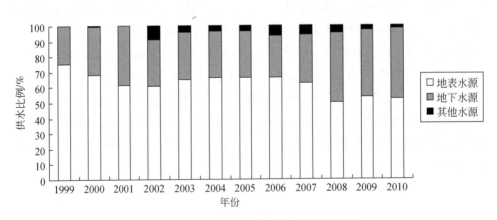

图 3-16　1999～2010 年乌鲁木齐市供水结构

2)城市供水

除 2002 年、2003 年外,乌鲁木齐城市供水量基本呈逐年增加趋势(图 3-17),2010 年城市全年供水总量为 $2.9771 \times 10^8 m^3$,是 1978 年 $0.2134 \times 10^8 m^3$ 的近 14 倍,占全市供水总量的 27.33%。2003 年乌鲁木齐城市供水总量达 $4.2331 \times 10^8 m^3$,远高于历史其他年份,2007 年以后基本保持稳定。

城市供水综合能力也呈现增长趋势,1990 年为 $27 \times 10^4 m^3/d$,以地下水供给为主,到 2004 年基本保持在 $120 \times 10^4 m^3/d$ 左右,2010 年乌鲁木齐市全社会供水综合能力为 $120.38 \times 10^4 m^3/d$(图 3-18),其中,地下水供水综合能力为 $70.38 \times 10^4 m^3/d$,占 58.46%;公共供水企业的供水综合能力为 $115 \times 10^4 m^3/d$,供水总量达 $2.8074 \times 10^8 m^3$,分别占全社会供水的 95.53% 和 94.30%。供水管道总长度 1323km,基本形成了比较完整的供水体系,城市自来水普及率 99.93%,高于全疆城市 99.2% 的平均水平。

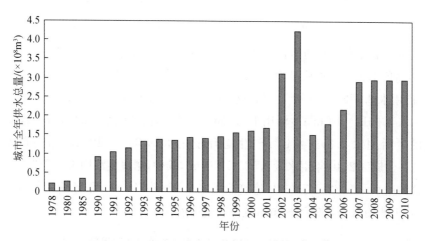

图 3-17 1978~2010 年乌鲁木齐城市供水总量

3. 水资源利用

1)用水总量

乌鲁木齐市用水总量按工业用水、农业用水(包括林牧)、生活用水、生态用水四项进行统计。工业用水统计口径为取用的新鲜水量,不包括企业内部的重复利用水量;农业用水包括农田灌溉和林业灌溉用水;生活用水包括城镇居民用水、城镇公共用水和农村生活用水。

1995 年,乌鲁木齐市用水总量为 $4.59 \times 10^8 m^3$,其中,农业用水 $3.43 \times 10^8 m^3$,

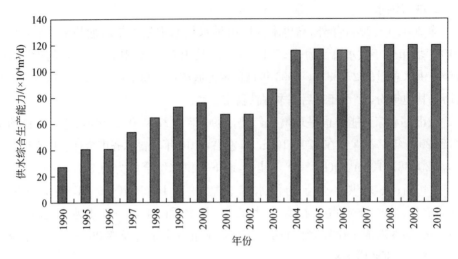

图 3-18　1990~2010 年乌鲁木齐市全社会供水综合能力

工业用水 $0.53 \times 10^8 m^3$，生活用水 $0.63 \times 10^8 m^3$。随着供水能力的提高，乌鲁木齐市各产业用水量总体呈波动增长趋势（表 3-8 和图 3-19），与各年度的供水总量持平。2010 年乌鲁木齐市用水总量为 $10.8931 \times 10^8 m^3$，较 1995 年增长了 $6.30 \times 10^8 m^3$，其中，生产用水 $8.9723 \times 10^8 m^3$，占总用水量的 82.37%，包括农业用水 $7.0111 \times 10^8 m^3$，工业用水 $1.9612 \times 10^8 m^3$；生活用水 $1.4969 \times 10^8 m^3$，占总用水量的 13.74%，其中，城镇居民生活用水 $1.3933 \times 10^8 m^3$；生态环境用水 $0.4239 \times 10^8 m^3$，占总用水量的 3.89%。建成区 2010 年用水量 $2.5252 \times 10^8 m^3$，其中，居民生活用水 $1.2866 \times 10^8 m^3$，城市公共用水 $0.30825 \times 10^8 m^3$（建筑业用水 $0.0506 \times 10^8 m^3$，服务业用水 $0.2576 \times 10^8 m^3$），工业用水 $0.5568 \times 10^8 m^3$，城市环境用水 $0.3736 \times 10^8 m^3$。

表 3-8　1995~2010 年乌鲁木齐市水资源利用量　（单位：$\times 10^8 m^3$）

年份	农业用水	工业用水	生活用水	生态用水	用水总量
1995	3.43	0.53	0.63	0	4.59
1996	3.19	0.29	0.69	0	4.17
1997	2.06	0.39	0.56	0	3.01
1998	4.08	1.41	0.95	0	6.44
1999	5.04	0.63	1.75	0.12	7.54
2000	3.98	1.05	1.58	0.15	6.76
2001	3.49	1.13	1.67	0.15	6.44

续表

年份	农业用水	工业用水	生活用水	生态用水	用水总量
2002	4.26	1.09	1.42	0.75	7.52
2003	5.00	1.04	1.41	0.60	8.05
2004	5.17	1.55	1.45	0.20	8.37
2005	5.17	1.55	1.45	0.20	8.37
2006	6.78	1.61	1.27	0.26	9.92
2007	5.94	1.68	1.33	0.27	9.22
2008	5.70	1.34	1.56	0.40	9.00
2009	5.85	2.05	1.71	0.32	9.93
2010	7.01	1.96	1.50	0.42	10.89

从用水结构看(图 3-20),农业用水比例总体呈下降趋势,由 1995 年的 74.73% 降至 2010 年的 64.36%,但比例仍在 60% 左右;工业用水比例持续增长,1995 年为 11.55%,2010 年为 18.00%,已占到总用水量的 20% 左右;生活用水比例(包括第三产业用水)总体在 20% 上下波动;生态用水量总体为 2%～5%。可见,随着区域社会经济的发展,尤其是城市化带动的工业化发展,已造成乌鲁木齐的农业用水逐步萎缩,而工业与生活用水逐步增长。

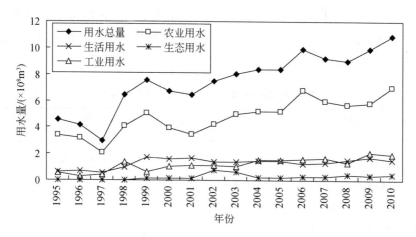

图 3-19　1995～2010 年乌鲁木齐市水资源利用量

2)用水水平

2010 年人均用水量 448m³(未计流动人口),万元 GDP(当年价)用水量 81m³。农田综合亩均用水量为 639m³,万元工业增加值(当年价)用水量为 30m³,城镇人

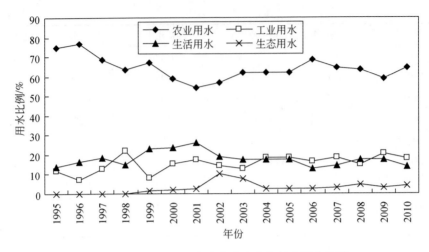

图 3-20　1995～2010 年乌鲁木齐市各行业用水比例

均生活日用水量(含建筑、服务、绿化等公共用水)269L/d,农村居民生活人均日用水量为 116L/d,牲畜头(只)均日用水量 10L/d(表 3-9)。2003～2010 年,乌鲁木齐市人均用水量先下降后上升,农灌亩均用水量呈下降趋势,城镇人均生活日用水量总体有所减少,农村人均日生活用水量则有较大波动。

考察城市用水水平,2000 年乌鲁木齐市人均日生活用水量为 166.51L/d,略高于全疆人均日生活用水量 165.1L/d,其中,居民生活用水占城市生活用水量的比重为 61.7%,高于全疆城市 49.3% 的平均水平。到 2010 年,全市人均日生活用水量 142.45L/d,低于全疆 150.8L/d 的平均水平。

表 3-9　2003～2010 年乌鲁木齐市用水指标

指标	2003 年	2004 年	2005 年	2006 年	2007 年	2008 年	2009 年	2010 年
人均用水量/m³	443	413	418	387	397	420	443	448
万元 GDP 用水量/m³	197	159	144	119	111	98	98	81
农灌亩均用水量/m³	620	720	671	666	685	574	664	639
人均日生活用水量(城镇生活)/(L/d)	363	326	298	296	311	234	198	269
人均日生活用水量(农村生活)/(L/d)	61	91	108	93	61	117	124	116
万元工业增加值用水量/m³	104	82	73	48	36	47	43	30
牲畜每头(只)日用水量/(L/d)	11	13	14	13	15	8	10	10

注:人均用水量计算未计入流动人口,万元 GDP 和万元工业增加值用水量的计算采用当年价。

到 2010 年,乌鲁木齐市工业取水量为 $1.4823 \times 10^8 \text{m}^3$,重复利用量为 3.4586

$\times 10^8 \, m^3$，重复利用率为 70%；农业取水量为 $6.9256 \times 10^8 \, m^3$，进入田间水量为 $4.2652 \times 10^8 \, m^3$，灌溉渠系水利用系数为 0.62；城市市政供水总量 $2.0923 \times 10^8 \, m^3$，售水总量 $1.7183 \times 10^8 \, m^3$，管网漏水率 17.9%，管网漏损率约 12.8%。

3）耗水量

在输水、用水过程中，部分水资源通过蒸腾蒸发、土壤吸收、产品吸附、居民和牲畜引用等形式消耗，而不能回归到地表水体或地下含水层。灌溉耗水量为毛水量与地表地下回水水量之差，工业和生活水消耗量为取水量与废污水排放量之差。

2010 年乌鲁木齐市用水消耗量 $6.7474 \times 10^8 \, m^3$，占总用水量的 61.94%。其中，农田灌溉耗水量 $4.1990 \times 10^8 \, m^3$，占用水消耗总量的 62.23%，耗水率 75.3%；林牧渔灌溉及补水耗水量 $0.9956 \times 10^8 \, m^3$，占用水消耗总量的 14.76%，耗水率 70.0%；工业耗水量 $0.8046 \times 10^8 \, m^3$，占用水消耗总量的 11.92%，耗水率 50.6%；城镇生活耗水量 $0.5934 \times 10^8 \, m^3$，占用水消耗总量的 8.79%，耗水率 27.9%；农村生活耗水量 $0.1548 \times 10^8 \, m^3$，占用水消耗总量的 2.29%，耗水率 96.0%（表 3-10）。

表 3-10　2003～2010 年乌鲁木齐市用水消耗量及消耗率

指标		2003 年	2004 年	2005 年	2006 年	2007 年	2008 年	2009 年	2010 年
农田灌溉	耗水量 /($\times 10^8 \, m^3$)	3.2081	2.8128	3.3156	3.1975	4.1573	3.6835	4.2398	4.1990
	所占比例/%	66	61	67	67	73	60	63	62.2
	耗水率/%	77	77	77	77	75	75	76	75.3
林牧渔	耗水量 /($\times 10^8 \, m^3$)	0.6420	0.7232	0.5405	0.5074	0.2860	1.0131	1.0155	0.9956
	所占比例/%	13	16	11	11	5	17	15	14.8
	耗水率/%	78	75	75	75	70	70	70	70
工业	耗水量 /($\times 10^8 \, m^3$)	0.5199	0.5986	0.5953	0.5973	0.6044	0.8396	0.8415	0.8046
	所占比例/%	11	13	12	12	11	14	13	11.9
	耗水率/%	50	53	49	55	54	49	50	50.6
城镇生活	耗水量 /($\times 10^8 \, m^3$)	0.4098	0.3201	0.3266	0.3311	0.4876	0.4842	0.4649	0.5934
	所占比例/%	8	7	7	7	9	8	7	8.8
	耗水率/%	22	18	20	20	25	28	28	27.9

续表

指标		2003 年	2004 年	2005 年	2006 年	2007 年	2008 年	2009 年	2010 年
农村生活	耗水量 /($\times10^8\,\mathrm{m}^3$)	0.1088	0.1467	0.1817	0.1632	0.1305	0.0827	0.1562	0.1548
	所占比例/%	2	3	4	3	2	1	2	2.3
	耗水率/%	93	88	87	88	95	98	99	96
合计	耗水量 /($\times10^8\,\mathrm{m}^3$)	4.8886	4.6013	4.9597	4.7965	5.6659	6.1030	6.7178	6.7474
	耗水率/%	61	60	61	61	62	62	63	61.9

　　农田灌溉一直在乌鲁木齐市耗水量中占最大比重,2003～2010 年均超过 60%,最高达 73%(2007 年),耗水率也一直处于较高水平,均超过 75%;生活耗水量所占比例较小,尤其农村生活耗水,仅占 2%～4%,耗水率则为最高,在 90% 左右,城镇生活耗水率最低,在 20% 左右。总体来看,随着供用水量的增加,乌鲁木齐市耗水量也有所增加,但耗水率基本保持在 60% 左右。

3.3.3　水资源开发利用的主要问题

　　干旱区绿洲城市的快速发展,离不开水资源的促进作用。但是水资源的时空分布不均,也影响城市发展水平的进一步提高。水资源开发利用的不尽合理,更加剧了城市发展与水资源利用之间的矛盾,成为城市进一步发展的瓶颈。目前,乌鲁木齐市在水资源开发利用方面主要存在水资源供需不足、开发模式不合理、水环境恶化、水资源利用与管理不完善等问题,加强水资源的管理,实现水资源的合理配置,厉行节约用水,提高水资源利用效率,是紧迫而长期的任务。

　　1)水资源供需不足

　　乌鲁木齐市基础设施建设相对滞后,供排水设施不足,缺水严重,特别在夏季用水高峰时缺水问题更加突出。随着城市规模扩大、人口增加和社会经济的快速发展,国家西部大开发战略和新一轮援疆政策的实施将进一步推动城市发展,使城市的生产生活需水不断增加。而原有的城市给排水系统,存在管网零乱、设备老化、规模过小等问题,使城市水资源供求矛盾更加突出。水资源短缺将限制乌鲁木齐市工业发展规模和速度,同时影响荒、草地资源的开发利用。

　　2)开发模式不合理

　　乌鲁木齐市地表水资源总量 $9.0942\times10^8\,\mathrm{m}^3$,其中,41.87% 的地表水资源

($3.81 \times 10^8 \mathrm{m}^3$)分布在白杨河、柴窝堡水系,两流域的人均地表水资源占有量都超过了 $10000 \mathrm{m}^3$/人,除向下游供水外,每年引水量仅为 $1.5 \times 10^8 \mathrm{m}^3$ 左右,因缺乏主干控制工程和水利基础设施,水资源利用率很低,目前渠系水有效利用系数还不到 0.4。乌鲁木齐河流域地表水资源量为 $3.9347 \times 10^8 \mathrm{m}^3$,人均水资源占有量较少,而水资源开发利用量大,重复利用率已达 150% 以上,目前靠超采地下水和污水回用来维系平衡,导致地下流场发生较大变化,水质恶化、地下水位持续下降。

3)水环境恶化

乌鲁木齐城市快速发展加大了水资源利用量,也使城市废污水排放量不断增加,导致水环境质量下降,各河流(段)水质状况均较差,都存在不同程度的污染,尤其以水磨河与柴窝堡湖污染最为严重,污染物种类较多。城市地表水和地下水资源的污染,使城市水环境不断恶化,不仅大大减少了水资源可利用量,加剧了供需矛盾,且直接对农、牧、渔和工业生产造成极大危害,严重影响人类的身体健康。

4)水资源不合理利用

乌鲁木齐市水资源匮乏,属缺水城市,但因水价低廉,居民节水意识较差,导致了严重的用水浪费现象。农业灌溉方式、灌溉技术落后,渠系利用系数较低,毛灌定额普遍偏高;城市工业用水重复率较低,万元工业产值取用水量大,尤其在石油加工及炼焦业、电力、建材、造纸、黑色金属冶炼等行业比较突出。

5)水资源管理不完善

乌鲁木齐市在地表水与地下水、上游与下游、城市工业用水、生活用水和农业灌溉用水、城市和工业规划布局及水资源条件等缺乏科学系统的综合规划,且缺乏统一的水资源管理机构,部门分割、管理混乱,水资源开发利用的监管和水环境检测力度不足,对城市水资源利用缺乏有效的管理。不合理的水资源管理,加剧了乌鲁木齐市的水资源供需矛盾及不同区域之间、流域上下游之间的用水矛盾,也严重破坏了城市水环境的生态平衡。

第4章 乌鲁木齐城市发展与水资源利用综合测度分析

4.1 城市发展与水资源开发利用潜力综合评价指标体系构建

基于乌鲁木齐城市发展与水资源开发利用状况,结合干旱区典型绿洲的发展特征,选取能够反映城市发展系统和水资源系统状况的各项指标,分别建立城市发展系统和水资源系统的综合评估指标体系,计算乌鲁木齐城市发展综合指数和水资源开发利用综合指数,对乌鲁木齐城市发展与水资源开发利用潜力进行综合评价,评价城市发展-水资源利用系统的可持续发展状态。

4.1.1 指标体系构建原则

综合评价指标体系的建立,应遵循科学性、综合性、可操作性、可持续性、区域性、动态性等原则,追求各原则的最佳结合和有效统一。

(1)科学性原则。指标体系的建立必须科学规范,而且各具体指标的概念必须明确,具有一定的科学内涵,能够全面准确地反映研究区域水资源系统和城市系统的发展状况及其本质属性。

(2)综合性原则。指标体系须体现水资源系统和城市发展系统的复杂性、综合性与系统性,选择能够全面概括水资源系统与城市发展系统的各种影响因素,涵盖总量因子、质量因子、结构因子、功能效率因子等。指标选取应以综合性指标为主,要求信息涵盖量大,而各指标间信息重叠小,并能全面反映水资源系统与城市发展系统之间的相互关系。

(3)可操作性原则。选择影响水资源系统与城市发展系统的主导因素,对二者复杂的相互作用进行抽象和简化,采用尽量少的指标尽可能全面地反映内容,将复杂的因素变为可度量、可比较的数字。构建的指标体系,应该能够在同一类型区域普遍适用,在不同时间和空间尺度上都具有较强的可比性,各指标也应简单明了,能够直接获得或者通过计算获得。

(4)可持续性原则。指标体系的构建必须遵循可持续发展思想,合理选择反映水资源系统与城市发展系统的相关指标,使两个子系统的指标之间保持合理的数量均衡,以利于区域水-社会-经济复合系统的协调和可持续发展。

(5)区域性和动态性原则。指标体系的构建必须考虑到水资源系统与城市发展系统相互作用及其变化的区域性、动态性和不确定性,尽量选择能够反映区域特征和系统动态变化并对系统动态变化起关键作用的指标。

4.1.2　表征因子选择

水资源系统与城市发展系统非常复杂,二者的交互耦合形成更为复杂的复合系统。因此,结合乌鲁木齐城市发展与水资源开发利用的实际情况,按照科学性、系统性和实用性原则,对乌鲁木齐城市发展与水资源开发利用综合评价指标进行选取。步骤和方法如下:

(1)采用运用较广的频度统计法、理论分析法和专家咨询法(刘渝琳,1999;温琰茂等,1999;徐世龙,2000)得到一般的指标体系。

频度统计法就是从目前有关水资源可持续利用评价以及城市发展水平综合测度的文献中查找各项指标进行频度统计,从中选择使用频率较高的指标。查阅100余篇相关文献,不同学者对城市发展与水资源利用综合评价选用的指标多样,数量繁多。经统计,城市社会经济发展的相关评价指标共57项,其中,人口子系统评价指标13项,经济子系统评价指标20项,社会子系统评价指标16项,空间子系统评价指标8项;水资源开发利用的相关评价指标共70项,其中,本底条件评价指标15项,开发程度评价指标20项,利用效率评价指标18项,管理能力评价指标17项。对各项指标进行频度统计,仅保留使用频率较高的指标。

在此基础上采用理论分析法,结合干旱区绿洲城市的自然、经济、社会等各方面特征,根据水资源开发利用与城市发展的影响因素及影响机制等的理论分析,从使用频率较高的众多指标中选择针对性较强、能够反映区域城市发展特征与水资源开发利用特征的指标。在初步提出评价指标的基础上,征询有关专家意见,并对指标进行调整,从而得到一般的评价指标体系,以科学、全面、有效地进行评价。

(2)采用相关系数法和主成分分析法对一般的评价指标体系进行筛选,将相关系数大于0.90以上的指标合并或筛减,力求将信息涵盖面较广、指标间相关系数和信息重叠较小的综合指标选进指标体系。经过筛选与综合,利用因子分析法,保留累积贡献率超过85%的前几个指标。

(3)在此基础上,进一步征求专家意见,对指标进行调整,最终确定指标体系(表4-1)。指标体系构建的具体流程如图4-1所示(梁勇,2005)。

表 4-1　评价体系的指标选择

系统层	标准层	指标层	
		剔除指标	最终指标
城市发展	城市人口	频度法:农村人口数量、农业人口数量、人口出生率、人口死亡率;理论与专家法:人口自然增长率、城镇人口数量、人口增长率;相关系数法:人口总量、非农人口数量	人口密度、非农产业从业人员数、非农人口比重、城镇人口比重
	城市经济	频度法:农业总产值、一产产值比重、农业从业人员数、固定资产投资、工业产值增长率、三产产值增长率;理论与专家法:工业增加值、规模以上企业工业经济效益综合指数、第二产业产值比重、第三产业产值比重、第三产业从业人员比重、GDP 增长率;相关系数法:地区生产总值、非农产业产值、工业总产值、人均 GDP 增长率	人均 GDP、建成区经济密度、非农产业产值比重、工业全员劳动生产率
	城市社会	频度法:人均年末储蓄存款余额、人均社会消费品零售总额、城镇人均固定资产投资总额;理论与专家法:城市化率、科教投入占财政支出比重、居民消费水平、万人拥有病床数;相关系数法:农民人均纯收入、城市恩格尔系数、农村恩格尔系数、万人拥有专业技术人员数、万人在校大学生数量	城镇居民人均可支配收入、恩格尔系数、万人拥有医生数、人均用电量
	城市空间	频度法:年末实有道路长度;理论与专家法:建成区面积、建成区绿化覆盖率;相关系数法:城市人口密度	万人拥有建成区面积、建成区面积比重、人均公共绿地面积、交通运输网密度
水资源利用	本底条件	频度法:大中型水库数量、水库蓄水量、水库调节系数、河流径流总量、缺水指数、江河库水质达标率;理论与专家法:干旱系数、径流系数、地表水资源量、地下水资源量、水环境综合污染指数;相关系数法:地均水资源量	水资源总量、人均水资源量、地下水资源比例

续表

系统层	标准层	指标层	
		剔除指标	最终指标
水资源利用	开发程度	频度法：水资源可利用率、地表水供水量、地下水供水量、河流引水量、农业供水紧张程度、工业供水紧张程度、生活供水紧张程度；理论与专家法：可开发利用水资源量、客水利用率、人均可开发利用水资源量、供水模数、农业用水量、工业用水量、生活用水量；相关系数法：水资源开发利用总量、地表水开发利用率	水资源利用率、地表水供水比例、地下水开采率、人均用水量
	利用效率	频度法：第三产业万元 GDP 用水量、水资源重复利用量、人均生活用水量、人均有效灌溉面积；理论与专家法：渠系水有效利用系数、节水灌溉率、水资源重复利用率、生活用水定额、城镇人均生活用水量、农村人均生活用水量、用水总量增长率；相关系数法：万元农业产值用水量、农村生活用水定额、工业用水重复率	单方水地区生产总值、单方水工业总产值、城镇居民生活用水定额、灌溉用水定额
	管理能力	频度法：水利工程投资比重、水污染治理投资、生活污水排放量、单方水投资；理论与专家法：城市自来水普及率、安全饮水人口比例、水利科技人员占科技人员比例、工业废水排放量、工业废水处理率、生活污水处理率、生态环境用水量；相关系数法：万元 GDP 废水排放量、万元工业产值废水排放量	全社会供水综合能力、城市生活污水处理率、工业废水排放达标率、生态用水比例

4.1.3　评价指标体系构建

在评价指标选取的基础上，按照指标体系的构建方法，分别建立城市发展、水资源开发利用的综合评价指标体系，再进一步构建由目标层、系统层、指标层构成的乌鲁木齐城市发展-水资源利用可持续发展评价指标体系。

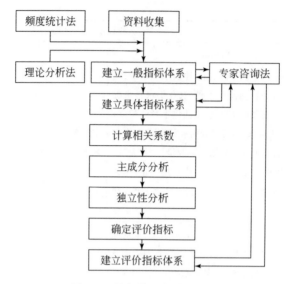

图 4-1　指标体系构建流程图

1. 城市发展综合评价指标体系

城市发展综合评价指标体系由城市人口、城市经济、城市社会和城市空间四个发展子系统组成,共包括 16 项指标,最终用城市发展综合指数表示(图 4-2),以评价城市的综合发展水平。

城市人口子系统由人口密度(人/km²)、非农产业从业人员数(万人)、非农人口比重(%)、城镇人口比重(%)四项指标表征。其中,人口密度＝总人口/土地面积,非农产业从业人员数＝第二产业从业人员数＋第三产业从业人员数,非农人口比重＝非农人口/总人口,城镇人口比重＝城镇人口/总人口。这四项指标分别从总量和结构等方面反映了区域的人口发展水平,均为正向指标,值越大,说明区域的人口发展越迅速,人口城市化程度越高。

城市经济子系统由人均 GDP(元/人)、建成区经济密度(万元/km²)、非农产业产值比重(%)、工业全员劳动生产率(元/人)四项指标表征。其中,人均 GDP 由统计数据直接获取,建成区经济密度＝(第二产业产值＋第三产业产值)/建成区面积,非农产业产值比重＝(第二产业产值＋第三产业产值)/地区生产总值,工业全员劳动生产率＝工业增加值/第二产业从业人员平均数。四项指标分别从总量、结构和效率等方面反映了区域的经济发展程度,各指标均为正向指标,值越大,说明区域的经济发展越迅速,经济城市化程度越高。

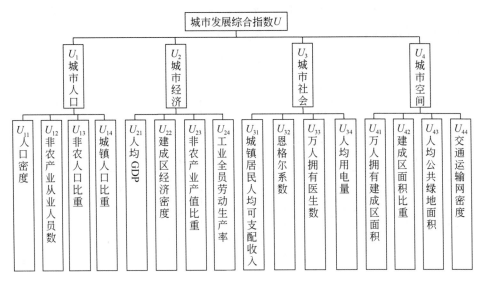

图 4-2　城市发展综合评价指标体系

城市社会子系统由城镇居民人均可支配收入(元)、恩格尔系数(％)、万人拥有医生数(人/万人)、人均用电量(kW·h/人)四项指标表征。其中,城镇居民人均可支配收入由统计数据直接获取,恩格尔系数由城市恩格尔系数、农村恩格尔系数根据城镇人口和农村人口数量加权平均求得,万人拥有医生数＝医生人数/总人口,人均用电量＝全年用电量/总人口。由于农牧民人均纯收入与城镇居民人均可支配收入相关性较高,万人专业技术人员数和在校大学生数量反映的信息与万人拥有医生数比较类似,为保证评价体系的简单性,这几项指标被剔除。恩格尔系数为逆向指标,值越大,说明居民用于食品消费的支出比例越高,则城市社会发展程度较低;其他三项指标为正向指标,值越大,说明社会城市化程度越高。

城市空间子系统由万人拥有建成区面积(km²/万人)、建成区面积比重(％)、人均公共绿地面积(m²)、交通运输网密度(km/10⁴km²)四项指标表征。其中,人均公共绿地面积由统计数据直接获取,万人拥有建成区面积＝建成区面积/总人口,建成区面积比重＝建成区面积/土地面积,交通运输网密度＝年末实有道路面积/土地面积。四项指标均为正向指标,值越大,说明区域的空间城市化程度越高。

2. 水资源开发利用综合评价指标体系

水资源开发利用综合评价指标体系由水资源本底条件、水资源开发程度、水资源利用效率和水资源管理能力四个子系统组成(图4-3),共包括15项指标,主要评价水资源系统的发展潜力和可持续发展状态。

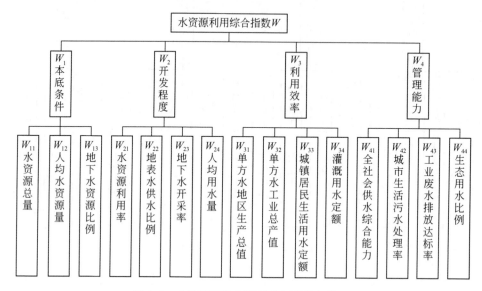

图 4-3　水资源开发利用综合评价指标体系

水资源本底条件子系统由水资源总量($10^8\,\mathrm{m}^3$)、人均水资源量(m^3/人)和地下水资源比例(%)三项指标表征,分别从总量和结构的角度反映水资源本底条件。因为数据的可获取性,反映水环境质量的指标未能纳入指标体系中。水资源总量由统计数据直接获取,人均水资源量=水资源总量/总人口,地下水资源比例=地下水资源量/水资源总量。三项指标均为正向指标,值越大,说明区域的水资源量越充分,水资源本底条件越好。

水资源开发程度子系统由水资源利用率(%)、地表水供水比例(%)、地下水开采率(%)和人均用水量(m^3/人)四项指标表征。其中,水资源利用率=供水总量/水资源总量,地表水供水比例=地表水源供水量/供水总量,地下水开采率=地下水源供水量/地下水资源量,人均用水量=用水总量/总人口。水资源利用率、地下水开采率、人均用水量为正向指标,值越大,说明水资源开发程度越高;地表水供水比例相对于水资源开发程度子系统为逆向指标,值越大,说明地下水供水比例越小,水资源开发程度相对较小。

水资源利用效率子系统由单方水地区生产总值(元/m^3)、单方水工业总产值(元/m^3)、城镇居民生活用水定额(L/d)和灌溉用水定额(m^3/hm^2)四项指标表征。其中,单方水地区生产总值=地区生产总值/用水总量,单方水工业总产值=工业总产值/工业用水量,城镇居民生活用水定额＝城镇生活用水/城镇人口,灌溉用水定额＝灌溉用水量/耕地有效灌溉面积。单方水地区生产总值和单方水工业总产值为正向指标,值越大,区域的水资源利用效率越高;城镇居民生活用水定额和灌溉用水定额为逆向指标,值越大,说明区域的水资源利用效率越低。

水资源管理能力子系统由全社会供水综合能力($10^4 m^3/d$)、城镇生活污水处理率(％)、工业废水排放达标率(％)和生态用水比例(％)四项指标表征。其中,全社会供水综合能力、城镇生活污水处理率由统计数据直接获取,工业废水排放达标率＝工业废水排放达标量/工业废水排放量,生态用水比例＝生态用水量/用水总量。四项指标分别从城市供水能力、污水管理能力和用水分配能力解释了区域的水资源管理能力,均为正向指标,值越大,说明区域水资源管理能力越强。

区域的水资源本底条件越好、水资源开发程度越低、水资源利用效率越高、水资源管理能力越强,说明其水资源开发利用潜力越大,未来能够提供更多的水资源支持城市生产生活与生态环境系统,水资源可持续发展的状态也越好。因此,在综合评价指标体系中,水资源开发程度子系统为逆向指标。

4.2　乌鲁木齐城市发展与水资源开发利用综合评价

在分别建立城市发展综合评价指标体系和水资源开发利用综合评价指标体系的基础上,采用熵技术支持下的层次分析法(analytic hierarchy process,AHP)计算各级指标权重,分别建立城市发展综合评价函数和水资源开发利用综合评价函数,计算城市发展综合指数和水资源开发利用综合指数,然后建立城市发展-水资源利用协调度模型,评价城市发展程度与水资源开发利用潜力的协调程度,再利用发展综合指标测度量化研究方法(简称 M-D 方法)(左其亭等,2006),对乌鲁木齐城市发展-水资源利用的可持续发展水平进行评价。

4.2.1　数据获取与权重计算

1. 数据来源与处理

城市发展系统和水资源开发利用系统的各指标数据,来源于历年新疆统计年鉴、乌鲁木齐统计年鉴、乌鲁木齐市水资源公报和新疆城市(县城)建设统计年报。个别年份数据的缺失采用相邻年份值插值法补齐。

为使不同年份的数据具有可比性,消除价格变动因素带来的影响,采用城镇商品零售价格指数将经济指标数据折算为 1978 年可比价。由于各类指标的数据差异较大,为消除数据的数量级、量纲及指标正负取向不同所造成的影响,采取极差标准化方法对数据进行标准化处理(乔标等,2006;陈明星等,2009;唐宏等,2009):

$$X_{ij} = \frac{x_{ij} - \mathrm{Min}(x_j)}{\mathrm{Max}(x_j) - \mathrm{Min}(x_j)} \tag{4-1}$$

式中,X 为标准化后的数据;x 为指标原数据;i 为年份;j 为指标序号。

为统一指标的变化方向,对逆向指标进行了变向处理:

$$\hat{X}_{ij} = 1 - X_{ij} \tag{4-2}$$

经过变换处理,数据的数值范围为[0,-1],所有指标均为值越大越好。对于同一指标来说,所有年份中最大者为 1,最小者为 0。这使得数据之间消除了量纲的影响,不同指标、不同年份的数据具有了可比性。

2. 权重获取

综合测度指标体系的指标权重确定方法主要有主观赋权法和客观赋权法。主观赋权法根据评价者主观上对各指标的重视程度来决定权重,如层次分析法;客观赋权法根据各指标所提供的信息量来决定指标权重,如熵值法。城市发展系统与水资源开发利用系统之间及各要素之间均存在错综复杂的非线性关系,采用熵技术支持下的 AHP 法来确定各参评因子的权重。

1)AHP 决策分析法的权重确定

由美国运筹学家 Saaty 提出的层次分析法,具有较强的逻辑性、实用性和系统性,能够定性与定量相结合的对复杂系统进行评价(李爱军等,2004),已成为现代地理学中常用的数学方法(徐建华,2002)。

在指标体系构建后,明确主题,设计指标相对重要性评价表。选择对干旱区绿洲城市发展、水资源开发利用等研究较多的 20 名专家学者,以问卷调查的形式,按判断矩阵的标度理论,进行指标间两两相对的重要性比较,确定属于同一上级指标的各指标间重要性排序,获得比较的最终标定值(徐建华,2002;梅虎,2008)。

在此基础上,由两两指标间的标定值比值 X_{ij} 和 $X_{ji} = \dfrac{1}{X_{ij}}$,建立各指标间相对重要性的标定值判断矩阵:

$$\boldsymbol{F} = \begin{bmatrix} X_{11} & X_{12} & \cdots & X_{1n} \\ X_{21} & X_{22} & \cdots & X_{2n} \\ \vdots & \vdots & & \vdots \\ X_{m1} & X_{m2} & \cdots & X_{mn} \end{bmatrix} \tag{4-3}$$

运用方根法求出判断矩阵 $\boldsymbol{F}$ 的最大特征根所对应的特征向量 $\boldsymbol{W}, \boldsymbol{W} = (W_1, W_2, \cdots, W_n)^{\mathrm{T}}$,其中,

$$W_i = \frac{\sqrt[n]{\prod\limits_{j=1}^{n} X_{ij}}}{\sum\limits_{i=1}^{m} \sqrt[n]{\prod\limits_{j=1}^{n} X_{ij}}} \tag{4-4}$$

$\boldsymbol{W}$ 的各分量即为各指标的权重分配,对应于同一上级指标的各分量权重之和为 1。

为考察 AHP 决策分析方法得出结果的合理性,对判断矩阵进行一致性检验。利用各分指标在上一层次中的权重分配,计算最大特征根 $\lambda_{\max}$:

$$\lambda_{\max} = \sum_{i=1}^{n} \frac{(AW)_i}{nW_i} \tag{4-5}$$

式中, $(AW)_i$ 为向量 $\boldsymbol{AW}$ 的第 i 个分量 。

在 $\lambda_{\max}$ 计算结果的基础上,计算其一致性指标 CI 与随机一致性比例 CR:

$$CI = \frac{\lambda_{\max} - n}{n-1} \tag{4-6}$$

$$CR = \frac{CI}{RI} \tag{4-7}$$

式中,RI 为平均随机一致性指标,各阶的平均随机一致性指标如表 4-2 所示。当 CI＝0 时,判断矩阵具有完全一致性,CI 越大,判断矩阵的一致性越差。当 CR＜0.1 时,认为判断矩阵具有令人满意的一致性,若 CR≥0.1,就需要调整判断矩阵的标定值,直到满意为止。本书对各层指标进行指标一致性检验,所得随机一致性比例 CR 均小于 0.1,因此,可以认为判断矩阵令人满意,各指标的权重分配通过一致性检验。

表 4-2　平均随机一致性指标

阶数	1	2	3	4	5	6	7	8	9	10	11	12	13	14	15
RI	0	0	0.58	0.90	1.12	1.24	1.32	1.41	1.45	1.49	1.52	1.54	1.56	1.58	1.59

2)熵值法的权重确定

物理学中的热力学熵是指系统无序状态的一种量度,社会系统中的信息熵在数学含义上等同于热力学熵,但主要是指系统状态不确定性程度的度量。一般认为,信息熵值越高,系统结构越均衡,差异越小,或者变化越慢;反之,信息熵越低,系统结构越不均衡,差异越大,或变化越快。因此可以根据熵值大小(各项指标值的变异程度)计算指标权重(陈明星等,2009)。

熵值法确定指标权重的主要计算步骤如下:

(1)计算第 i 年份第 j 项指标值的比重:

$$R_{ij} = \frac{Z_{ij}}{\sum\limits_{i=1}^{m} Z_{ij}} \tag{4-8}$$

(2)指标熵值的计算:

$$e_j = -\frac{1}{\ln m}\sum_{i=1}^{m}(R_{ij}\times \ln R_{ij}), 0\leqslant e_j\leqslant 1 \tag{4-9}$$

(3)熵值冗余度的计算:

$$d_j = 1 - e_j \tag{4-10}$$

(4)指标信息权重的计算:

$$V_j = \frac{d_j}{\sum\limits_{j=1}^{n} d_j} \tag{4-11}$$

式中,V_j 为第 j 项指标的信息权重;e_j 为指标输出的熵值;m 为年份数,n 为指标个数。

3)熵技术支持下的 AHP 法指标权重获取

AHP 法识别问题的系统性强,可靠性较高,但采用专家咨询的方式,容易产生循环而不满足传递性公理,导致标度把握不准和丢失部分信息等问题出现,因此,采用熵技术对 AHP 法确定的权系数进行修正(方创琳和毛汉英,1999;方创琳,2000),以消除确定权重的人为主观因素。

$$\alpha_j = \frac{V_j W_j}{\sum\limits_{j=1}^{n} V_j W_j} \tag{4-12}$$

式中,α_j 为熵技术支持下的 AHP 法求出的指标权重;W_j 为采用 AHP 法求出的指标权重;V_j 为指标的信息权重。

按照式(4-12)计算的各指标赋权结果信息量增大,可信度提高。通过计算,得到一级指标相对于系统层的权重分配,以及一级指标下各分指标的权重分配。

水资源系统与城市化系统综合测度指标体系均由系统层、标准层和指标层组成,因此,需要通过上述方法分别计算指标层对标准层的熵化权系数 α_{kj}、标准层对系统层的熵化权系数 α_k,则二者的乘积即为第 j 项指标相对最高层目标的熵化权系数 α_j:

$$\alpha_j = \alpha_{kj}\alpha_k \tag{4-13}$$

利用式(4-13),分别计算出 16 个二级指标对于城市发展综合评价指数的权重分配(表 4-3)与 15 个二级指标对于水资源开发利用综合评价指数的权重分配(表 4-4)。

表 4-3　城市发展系统的权重分配

系统	子系统层	权重	指标层	AHP法权重 w_j	熵值法			最终权重 α_j	方向
					信息熵 e_j	冗余度 d_j	信息权重 V_j		
城市发展综合指数	城市人口	0.2897	U_{11}人口密度	0.0380	0.8954	0.1046	0.0571	0.0373	正
			U_{12}非农产业从业人员数	0.0686	0.8237	0.1763	0.0962	0.1136	正
			U_{13}非农人口比重	0.0805	0.9293	0.0707	0.0386	0.0534	正
			U_{14}城镇人口比重	0.1026	0.8726	0.1274	0.0695	0.1228	正
	城市经济	0.4236	U_{21}人均GDP	0.1634	0.8765	0.1235	0.0674	0.1895	正
			U_{22}建成区经济密度	0.1079	0.9445	0.0555	0.0303	0.0562	正
			U_{23}非农产业产值比重	0.1069	0.9323	0.0677	0.0370	0.0680	正
			U_{24}工业全员劳动生产率	0.0454	0.8553	0.1447	0.0789	0.0616	正
	城市社会	0.1652	U_{31}城镇居民人均可支配收入	0.0746	0.9170	0.0830	0.0453	0.0581	正
			U_{32}恩格尔系数	0.0474	0.9442	0.0558	0.0304	0.0248	逆
			U_{33}万人拥有医生数	0.0253	0.9674	0.0326	0.0178	0.0078	正
			U_{34}人均用电量	0.0179	0.8854	0.1146	0.0625	0.0193	正
	城市空间	0.1215	U_{41}万人拥有建成区面积	0.0310	0.8548	0.1452	0.0792	0.0423	正
			U_{42}建成区面积比重	0.0489	0.8335	0.1665	0.0908	0.0765	正
			U_{43}人均公共绿地面积	0.0104	0.8044	0.1956	0.1067	0.0192	正
			U_{44}交通运输网密度	0.0311	0.8306	0.1694	0.0924	0.0496	正

表 4-4　水资源开发利用系统的权重分配

系统	子系统层	权重	指标层	AHP法权重 w_j	熵值法			最终权重 α_j	方向
					信息熵 e_j	冗余度 d_j	信息权重 V_j		
水资源开发利用综合指数	本底条件	0.4011	W_{11}水资源总量	0.2270	0.9124	0.0876	0.0689	0.2313	正
			W_{12}人均水资源量	0.0962	0.9049	0.0951	0.0748	0.1065	正
			W_{13}地下水资源比例	0.0779	0.9030	0.0970	0.0763	0.0880	正
	开发程度	0.2243	W_{21}水资源利用率	0.0893	0.9427	0.0573	0.0451	0.0596	逆
			W_{22}地表水供水比例	0.0282	0.8834	0.1166	0.0917	0.0383	正
			W_{23}地下水开采率	0.0409	0.9572	0.0428	0.0337	0.0204	逆
			W_{24}人均用水量	0.0658	0.8648	0.1352	0.1064	0.1035	逆
	利用效率	0.2984	W_{31}单方水地区生产总值	0.1281	0.8939	0.1061	0.0834	0.1581	正
			W_{32}单方水工业总产值	0.0953	0.9219	0.0781	0.0614	0.0865	正
			W_{33}城镇居民生活用水定额	0.0301	0.9495	0.0505	0.0397	0.0177	逆
			W_{34}灌溉用水定额	0.0449	0.9630	0.0370	0.0291	0.0194	逆
	管理能力	0.0762	W_{41}全社会供水综合能力	0.0156	0.9075	0.0925	0.0727	0.0168	正
			W_{42}城市生活污水处理率	0.0181	0.9289	0.0711	0.0559	0.0150	正
			W_{43}工业废水排放达标率	0.0295	0.9579	0.0421	0.0331	0.0145	正
			W_{44}生态用水比例	0.0129	0.8377	0.1623	0.1277	0.0244	正

　　计算结果显示,城市经济子系统对城市发展的权重承载最大,人口子系统次之,说明自 1995~2010 年来,乌鲁木齐市的城市发展以经济增长和人口增长为主要特征。其中,人均 GDP、城镇人口比重、非农产业从业人员数、建成区面积比重、非农产业产值比重等指标对城市发展的权重承载较大,权重分别为 0.1895、0.1228、0.1136、0.0765 和 0.0680,是反映城市发展水平的重要指标。水资源本底条件子系统对水资源系统的权重承载最大,水资源利用效率子系统次之。其中,水资源总量、单方水地区生产总值、人均水资源量、人均用水量、地下水资源比例、单方水工业总产值等指标对水资源系统的权重承载较大,权重分别为 0.2313、0.1581、0.1065、0.1035、0.0880、0.0865,是反映水资源开发利用程度(水资源开发潜力)的重要指标。

4.2.2　评价模型构建

1. 城市发展与水资源开发利用综合评价函数

设正数 $U_1, U_2, \cdots, U_m$ 为描述城市发展的 m 个指标,正数 $W_1, W_2, \cdots, W_n$ 为描述水资源开发利用的 n 个指标。

$$f(U) = \sum_{j=1}^{m} a_j U_j \qquad (4\text{-}14)$$

$$g(W) = \sum_{j=1}^{n} b_j W_j \qquad (4\text{-}15)$$

式中, $f(U)$ 为城市发展综合评价函数; $g(W)$ 为水资源开发利用综合评价函数(李小彬,2008); a_j、b_j 为各指标权重; U_j 与 W_j 均为经过标准化与变向后的数据。

根据式(4-14)和式(4-15),可计算出乌鲁木齐市各年的城市发展综合指数与水资源开发利用综合指数。

2. 城市发展-水资源利用协调度模型

协调发展度反映了系统之间的同步性和一致性,能够反映出不同系统之间从无序走向有序的过程,体现出系统间的协同作用(杨宇等,2012a)。为评价乌鲁木齐城市发展程度与水资源开发利用潜力的协调水平,根据城市发展综合评价与水资源开发利用综合评价结果,构造了城市发展-水资源利用协调度模型予以定量评价:

$$C_i = \left\{ \frac{f(U_i) \times g(W_i)}{\left[\dfrac{f(U_i) + g(W_i)}{2} \right]^2} \right\}^K \qquad (4\text{-}16)$$

式中, C_i 为年份 i 的协调度; $f(U_i)$ 为年份 i 的城市发展综合指数; $g(W_i)$ 为年份 i 的水资源开发利用综合指数; K 为调节系数。

式(4-16)借助离差系数的概念, C_i 的取值为 $0 \sim 1$, C_i 值越大,表明 $f(U_i)$ 与 $g(W_i)$ 之间的离差越小,城市发展系统与水资源利用系统越协调;反之则越不协调。K 用来对城市发展程度与水资源开发利用潜力之间进行组合协调,一般取 $K \geqslant 2$(邵波和陈兴鹏,2005)。

为更全面反映城市发展程度与水资源开发利用潜力的协调程度,利用 C、$f(U)$ 和 $g(W)$ 再构造协调发展度函数:

$$T_i = \alpha f(U_i) + \beta g(W_i) \qquad (4\text{-}17)$$

$$D_i = \sqrt{C_i T_i} \qquad\qquad (4\text{-}18)$$

式中，T_i 为年份 i 的城市发展与水资源利用综合评价指数，反映城市发展与水资源利用的整体水平；D_i 为年份 i 的协调发展度，是考察区域协调度与整体发展水平的综合指标；α、β 为权重。

$0 \leqslant T \leqslant 1$，$T$ 越大，表明城市发展与水资源利用的整体水平越高；$0 \leqslant D \leqslant 1$，$D$ 越大，表明区域的协调发展程度越高。由于城市发展水平与水资源开发利用潜力同等重要，考虑两个相对独立系统之间的协调关系，计算 T 值时，α、β 均取 0.5；K 取 2（蔡文春，2006）。

借鉴联合国可持续发展晴雨表的概念，建立概念评价模型，将城市发展水平和水资源利用潜力分别划分为高（0.8～1）、较高（0.6～0.8）、中（0.4～0.6）、较低（0.2～0.4）和低（0～0.2）5 个区间，则系统被分割为 25 个连续的内部空间，由这两个维度决定的协调发展度相应表现在坐标系统中的 5 个连续空间集合内。设某年份各维度分别为（X，Y），则各发展集满足条件：

(1) 协调发展度高 S_1：$f(U) \geqslant 0.80 \bigcap g(W) \geqslant 0.80$。

(2) 协调发展度较高 S_2：$[f(U) \geqslant 0.60 \bigcap g(W) \geqslant 0.60] - S_1$。

(3) 协调发展度中 S_3：$[f(U) \geqslant 0.40 \bigcap g(W) \geqslant 0.40] - (S_1 \bigcup S_2)$。

(4) 协调发展度较低 S_4：$[f(U) \geqslant 0.20 \bigcap g(W) \geqslant 0.20] - (S_1 \bigcup S_2 \bigcup S_3)$。

(5) 协调发展度低 S_5：$S - (S_1 \bigcup S_2 \bigcup S_3 \bigcup S_4)$。

此模型以最低维度为参考点，对协调发展度的要求严谨，只要任一维度处在较低水平上，则以较低水平为准，该模型不仅能直观反映各维度的发展水平，而且能够反映二者之间的制约和限制作用（杨宇等，2012b）。

3. 城市-水资源可持续发展状态模型

干旱区水资源极度短缺，水资源系统与城市发展系统之间的关系十分复杂。在量化研究中，需要基于其互动关系模拟，建立可持续水资源管理模型。左其亭等（2006）提出了基于模拟和发展综合测度的 M-D 法，进行可持续发展模型的构建。该方法的基本思路是：用模糊数学中的隶属度来定量描述可承载准则、可持续准则，用目标函数值来定量描述有效益准则，应用多准则集成方法来定量判定可持续发展态势。借鉴可持续发展模型的构建思路，取初始年（1995 年）为系统的基准年，构建乌鲁木齐市城市-水资源可持续发展状态模型。

1）城市发展有效度

可持续发展鼓励经济增长，追求经济投入和资源管理的有效益发展。采用城

市发展综合评价系统各指标的变化情况来表征城市发展的有效度,即利用城市发展综合指数的计算结果来进行测算:

$$x_i(T) = \frac{\mathrm{SP}_i(T)}{\mathrm{SP}_{i0}} \tag{4-19}$$

$$\mu_i(T) = \frac{x_i(T) - a}{x_i(T) + a} \tag{4-20}$$

$$\mathrm{EG}(T) = \prod_{i=1}^{m} \mu_i^{a_i} \tag{4-21}$$

式中,$\mathrm{EG}(T)$ 为年份 T 的城市发展有效度;$\mathrm{SP}_i(T)$ 为年份 T 第 i 项指标的值;SP_{i0} 为第 i 项指标在初始年的值,设定为基准值;a 为待定系数;a_i 为第 i 项指标的权重;m 为指标个数。

式(4-19)将各年份不同指标的数据进行初始化,使不同指标间具有可比性;待定系数 a 可以使最终结果值映射到区间 $[0,1]$,a 的取值是由 $\mu = 0.6$(假定小康线)、$\mathrm{SP}(T)$ 为 8000 元/人(小康线的人均 GDP)、SP_0 为 3492 元/人(1995 年人均 GDP 可比价)求得,$a = 0.5728$;$m = 16$。

2)水资源可承载度

可持续发展要求地球上的生命支撑系统处于可承载的最大限度之内,以保证人类福利水平至少处在可生存状态(左其亭和陈曦,2003),资源可承载是可持续发展必须满足的准则。

在水资源开发利用综合评价模型中,综合得分越高,则水资源开发利用潜力越大,可承载能力越强。可承载度采用水资源开发利用综合水平的计算结果进行计算:

$$v_j(T) = \frac{e_j(T)}{e_{j0}} \tag{4-22}$$

$$\mathrm{LI}(T) = \prod_{j}^{n} v_j^{\beta_j} \tag{4-23}$$

式中,$\mathrm{LI}(T)$ 为水资源系统在年份 T 的可承载隶属度;$v_j(T)$ 为第 j 项指标在年份 T 的可承载度;β_j 为第 j 项指标的权重;$n=15$,为指标个数。

3)城市-水资源可持续发展度

可持续发展不仅要求城市发展水平的增长,也对城市发展质量有所要求。假设水资源开发潜力的提高,意味着城市发展的高质量,即城市发展有效度 $\mathrm{EG}(T)$ 是对城市-水资源系统发展水平的定量描述,水资源可承载度 $\mathrm{LI}(T)$ 是城市-水资源系统发展质量的定量描述。通过式(4-24)来表征城市-水资源系统的综合发展

状态(左其亭和陈曦,2003):

$$DD(T) = EG(T)^{\gamma_1} LI(T)^{\gamma_2} \qquad\qquad (4-24)$$

式中,DD(T)是系统在年份 T 的综合发展测度;γ_1、γ_2 分别是 EG(T)、LI(T)的指数权重,可根据其重要性赋权,这里均取 0.5;DD(T) $\in$ [0,1],DD(T)的值越大,说明在年份 T 系统的发展程度越高,效益越大。

利用乌鲁木齐市 1995～2010 年城市发展与水资源开发利用的相关数据,采用 M-D 方法判断其城市-水资源系统的可持续发展水平。根据发展综合测度 DD(T)曲线图,可以判定发展是否可持续,以判定区域的发展水平与发展态势,进而优选可持续发展途径。

4.2.3　结果分析

1. 城市发展综合水平

利用式(4-14)计算乌鲁木齐城市发展综合指数。结果显示,乌鲁木齐市的城市发展综合水平基本呈逐年上升趋势(表 4-5),城市发展综合指数由 1995 年的 0.0771 提高到 2010 年的 0.9263,除 2000 年较 1999 年略有下降(降幅为 0.07%),其他年份的城市发展综合水平较上年均有所提高。城市化率通常用城镇人口比重或非农业人口比重表示,将其与计算的城市发展综合水平进行对照比较(图 4-4)(陈明星等,2009)。

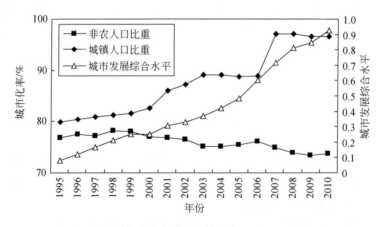

图 4-4　乌鲁木齐城市发展水平演变过程(1995～2010 年)

乌鲁木齐市的非农业人口比重 1995 年为 76.75%,2010 年降至 73.78%,而城镇人口比重 1995 年为 79.84%,2010 年为 96.58%。由图 4-4 可知,测算的城市发展综合水平的变化趋势与城镇人口比重所表征的城市化率基本一致,两者之间呈现明显的正相关,相关系数达 0.928。

表 4-5　1995～2010 年乌鲁木齐城市发展综合水平、子系统得分及相对增长率

年份	城市发展综合水平		城市人口		城市经济		城市社会		城市空间	
	得分	增长率	得分	增长率	得分	增长率	得分	增长率	得分	增长率
1995	0.0771	—	0.0432	—	0.0212	—	0.0106	—	0.0021	—
1996	0.1166	0.5118	0.0590	0.3638	0.0406	0.9133	0.0137	0.3020	0.0033	0.5568
1997	0.1667	0.4298	0.0650	0.1015	0.0766	0.8865	0.0227	0.6524	0.0025	−0.2511
1998	0.2129	0.2768	0.0827	0.2731	0.0931	0.2152	0.0293	0.2925	0.0077	2.1505
1999	0.2478	0.1643	0.0849	0.0269	0.1148	0.2332	0.0346	0.1786	0.0136	0.7504
2000	0.2477	−0.0007	0.0699	−0.1771	0.0912	−0.2050	0.0459	0.3262	0.0407	2.0004
2001	0.3095	0.2497	0.1062	0.5202	0.0970	0.0637	0.0506	0.1031	0.0556	0.3673
2002	0.3305	0.0678	0.1186	0.1166	0.1092	0.1258	0.0528	0.0432	0.0498	−0.1045
2003	0.3693	0.1174	0.1227	0.0341	0.1400	0.2819	0.0550	0.0411	0.0516	0.0356
2004	0.4227	0.1446	0.1260	0.0274	0.1775	0.2678	0.0622	0.1309	0.0569	0.1038
2005	0.4852	0.1479	0.1420	0.1265	0.2291	0.2904	0.0569	−0.0841	0.0572	0.0043
2006	0.6024	0.2417	0.2037	0.4348	0.2318	0.0118	0.0661	0.1606	0.1008	0.7637
2007	0.7151	0.1870	0.2642	0.2967	0.2609	0.1255	0.0691	0.0459	0.1209	0.1992
2008	0.8097	0.1323	0.2632	−0.0037	0.3079	0.1802	0.0769	0.1131	0.1617	0.3370
2009	0.8486	0.0481	0.2648	0.0062	0.3176	0.0314	0.0849	0.1037	0.1813	0.1216
2010	0.9263	0.0916	0.2752	0.0390	0.3648	0.1487	0.0989	0.1647	0.1876	0.0343

　　1995～2000 年为乌鲁木齐市城市缓慢发展时期,这一阶段乌鲁木齐的城市发展综合水平增速较缓,由 1995 年的 0.0771 提高到 2000 年的 0.2477,5 年间年均增加 0.0341。同时,乌鲁木齐的城镇人口比重由 1995 年的 79.84% 上升到 2006 年的 82.53%,年均增加 0.54 个百分点,年均增率为 0.67%。2000 年开始实施西部大开发政策,成为乌鲁木齐城市发展的一个转折点,表现为 2000～2010 年乌鲁木齐城市高速发展,城市发展综合水平由 0.2477 提高到 0.9263,年均增加 0.0679,是上一阶段的 2 倍;城镇人口比重由 82.53% 增长至 96.58%,年均增加 1.40 个百分点,年均变化率为 1.58%,是上一阶段是 2 倍以上(表 4-6)。

表 4-6　乌鲁木齐城市发展进程的阶段性特征

阶段	时段	城市发展综合水平			城镇人口比重/%		
		初期值	末期值	年均增长	初期值	末期值	年均增长
第一阶段	1995~2000 年	0.0771	0.2477	0.0341	79.84	82.53	0.54
第二阶段	2000~2010 年	0.2477	0.9263	0.0679	82.53	96.58	1.40

城市经济发展和城市人口增长是乌鲁木齐城市发展的主要形式,两个子系统在系统层赋予的权重也最高;城市社会进步和城市空间扩张对城市综合发展的影响相对较小,二者赋予了相对较小的权重得分。为具体分析乌鲁木齐城市发展的内部特征和演进过程,分别从城市人口、城市经济、城市社会和城市空间四个子系统,分析城市发展各项指标的变化情况(图 4-5)。

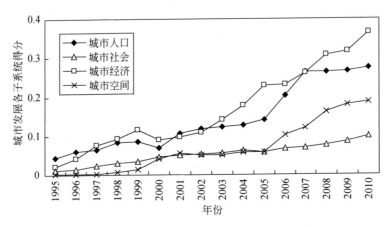

图 4-5　乌鲁木齐城市各子系统发展水平演变过程

1)城市人口子系统

乌鲁木齐市作为绿洲城市和区域的中心城市,城市人口一直处于较高水平,且由于区域外的人口机械迁移,城镇人口不断增长,导致乌鲁木齐市人口城市化进程不断加快,城市人口子系统的综合评价值从 1995 年的 0.0432 增长到 2010 年的 0.2752,增长了 5 倍以上。1995~2000 年,从 0.0432 增长到 0.0699,年均增长 0.0053,增长比较缓慢;2000~2010 年,城市发展综合指数快速增长,从 0.0699 增至 0.2752,年均增长 0.0205,增速是前一阶段的近 4 倍,与城市发展综合水平的阶段划分一致。

从分项指标看(图 4-6),城镇人口规模快速增长,由 1995 年的 128.26 万人增至 2010 年的 234.71 万人,年均增长 7.10 万人,城镇人口比重也增加迅速,近几年基本保持在 90％以上,该项指标得分由 0 增至 0.1094,尤其是 2007 年米泉市并入乌鲁木齐市,导致乌鲁木齐市城镇人口迅速增加,城镇人口比重由 2006 年的 88.98％提高到 2007 年的 97.02％,该项指标得分也呈现跳跃式发展,由 0.0652 变为 0.1226;非农产业从业人员数增长快速,从 73.34 万人增至 122.78 万人,年均增加 3.46 万人,指标得分由 0.0054 增至 0.1136,尤其是 2000 年以后,一直保持快速增长,这反映城市在第二、第三产业的就业岗位增加较快,吸纳了大量的农村剩余劳动力,但近几年增速放缓,就业形势将日渐严峻;人口密度呈上升趋势,从 1995 年的 112 人/km² 上升到 2010 年的 176 人/km²,基本保持稳定的增长速度,指标得分由 0 变为 0.0373;非农业人口比重则在较高水平保持稳定(＞70％),呈现出下降趋势,指标得分由 0.0581 降至 0.0074。总体来看,2000 年以前各项指标的变化相对较缓,2000 年后变化速度均有所提高。

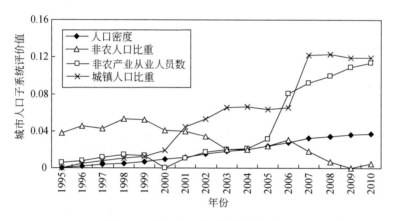

图 4-6　城市人口子系统的演变过程

2)城市经济子系统

乌鲁木齐市的经济发展保持了长期快速增长态势,是城市发展综合水平的重要内容,子系统的综合评价值由 1995 年的 0.0212 提高到 2010 年的 0.3648,增长了近 16 倍。1995～2000 年,增速相对较缓,从 0.0212 增至 0.0912,年均增长 0.0140;2000～2010 年,由于国家政策向西部倾斜,乌鲁木齐市经济增长迅速,综合评价值由 0.0912 增至 0.3648,年均增长 0.0274,是前期增速的 2 倍(表 4.5),与城市发展综合水平的阶段划分一致。

考察城市经济子系统各分项指标(图 4-7),乌鲁木齐市的人均 GDP 一直呈高速增长态势,由 1995 年的 3491.54 元/人增至 2010 年的 10193 元/人,增长了近 2 倍,年均增加 447 元,该项指标得分也由 0.0071 增长到 0.1895。工业全员劳动生产率持续增长,1995 年为 5237 元/人,2010 年为 32630 元/人,增长了 5 倍以上,年均增加 1826 元,这说明乌鲁木齐市的经济增长快速,经济效益显著提高,且工业化快速推进是城市经济发展最主要的因素。由于绿洲城市的特殊性质,乌鲁木齐市的非农产业产值长期维持在 95% 以上,略有增长,变化相对较小,1995 年为 96.65%,2010 年为 98.51%。由于建成区面积的扩张,建成区经济密度的变化相对较缓,呈波动变化,1995 年为 7283 万元/km²,2010 年为 8724 万元/km²,最高年份 1999 年达 9349 万元/km²,最低年份 2001 年仅 6031 万元/km²,15 年间指标得分由 0.0212 变为 0.0456,变化较小。可见,乌鲁木齐的城市经济发展以经济总量的增长为主,经济效益和经济结构的变化相对较小。

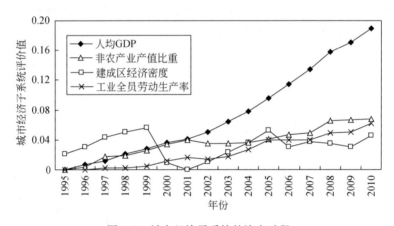

图 4-7　城市经济子系统的演变过程

3)城市社会子系统

在城市社会发展方面,乌鲁木齐城市社会发展子系统的综合评价值由 1995 年的 0.0106 增长到 2010 年的 0.0989,年均增加 0.0059,社会城市化水平稳步提高。1995～2000 年综合评价值年均增长 0.0071,2000～2010 年年均增长 0.0053,各阶段的发展速度基本一致。

城镇居民人均可支配收入快速增长,1995 年为 4581 元,2010 年达 14402 元,是前者的 3 倍以上,指标得分由 0.0047 增至 0.0581,增长了近 11 倍。恩格尔系数从 1995 年的 44.09% 降至 2010 年的 37.69%,按照联合国粮农组织的判定标准,恩格尔系数 60% 以上为贫困,50%～60% 为温饱,40%～50% 为小康,40% 以下为富裕,则乌鲁木齐市人民生活水平在 1999 年以后基本跨入富裕水平。但是由于物价上涨等原因,居民的购买力未能与收入同步增长,2002 年以后恩格尔系数表现出缓慢上升的趋势,该项指标得分也表现为 2002 年前有所上升,之后有所下降。

人均用电量逐年增加,由 1995 年的 1717.31kW·h/人增长到 2010 年的 4697.25kW·h/人,指标得分由 0.0017 增至 0.0193,增长了近 10 倍。万人拥有医生数 1995 年为 50.33 人,2010 年为 47.47 人,指标得分由 0.0078 下降到 0.0067 (图 4-8),这表明城市社会发展较不均衡,与人民生活联系紧密的医疗条件严重落后,城市医疗卫生事业发展滞后于城市发展,难以适应人民群众日益增长的需求,有待改善。

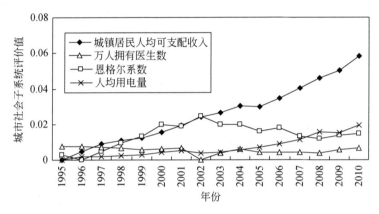

图 4-8　城市社会子系统的演变过程

4)城市空间子系统

乌鲁木齐市的城市建设步伐持续加快,城市空间子系统的综合评价值由 1995 年的 0.0021 上升到 2010 年的 0.1876(表 4.5),年均增长 0.0124,增长速度较城市经济子系统、城市人口子系统慢,而快于城市社会子系统。1995~2000 年城市空间缓慢发展,综合指标得分从 0.0021 增至 0.0407,年均增加 0.0077;2000~2005 年从 0.0407 变为 0.0572,年均增长 0.0033,几乎停滞发展;2005~2010 年,乌鲁木齐城市空间发展迅速,综合得分从 0.0572 增至 0.1876,年均增长 0.0261,增速分别是第一阶段的 3 倍左右、第二阶段的 8 倍左右。这说明乌鲁木齐市城市空间发展进程在西部大开发前期和后期的增速差异显著,2005~2010 年,城市空间发展也成为城市综合发展水平提高的主要表现形式之一。

城市空间发展子系统的各项指标变化情况比较一致(图 4-9),2000 年以前各指标得分均很低,2000~2005 年有一定程度的增长,但发展速度缓慢,2006 年以后,各项指标的增长速度均远高于前期。建成区规模增长最快,1995~2010 年年均增长率为 9.92%;人均建成区面积次之,年均增长率为 6.93%;人均公共绿地面积和交通运输网密度的增速相当,年均增长率均为 4.16%,这说明乌鲁木齐市的城市空间发展主要表现在建成区面积的扩张,空间发展质量还有待提升。1995 年乌鲁木齐市建成区面积为 83km²,2010 年增长到 343km²,年均增加 17.33km²,建成区面积比重也由 0.60％增至 2.49％。由于城市土地利用规划的阶段性,乌鲁木齐市建成区面积也呈现明显的阶段性发展特征,1995～2000 年建成区面积为 80～140km²,2001～2005 年为 160～180km²,2006～2010 年为 230～350km²,三个阶段的建成区面积比重分别为 0.6％～1％、1.2％～1.3％、1.7％～2.5％。因人口增长速度快于建成区面积增长,人均建成区面积较建成区面积增速稍缓,万人拥有建成区面积从 1995 年的 0.52km² 增至 2010 年的 1.41km²,年均增加 0.06km²。人均公共绿地面积由 4.01m² 变为 7.39m²,交通运输网密度从 642.59km/10⁴km² 变为 1183.64km/10⁴km²,其中,2005 年以前变化缓慢,2006 年开始快速增加。

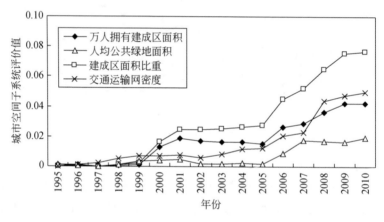

图 4-9　城市空间子系统的演变过程

2. 水资源开发利用综合水平

利用式(4-15)计算乌鲁木齐市的水资源开发利用综合指数,以反映区域的水资源开发利用潜力。评价结果显示,乌鲁木齐市水资源开发利用潜力的变化波动性较强,总体呈现下降趋势,水资源开发利用综合得分从 1995 的 0.5163 降至 2010 年的 0.3073(表 4-7),年均减少 0.0139。1998～2006 年,乌鲁木齐市水资源开发利用潜力的变化相对较缓,综合得分从 0.4084 减小到 0.3657,年均减少 0.0061,是整个研究时段平均变化速度的一半。水资源总量和人均水资源量通常用于反映区域的水资源条件和开发潜力,这里选用水资源总量指标与计算的水资源开发利用综合指数进行对照比较(图 4-10)。

表 4-7　1995～2010 年乌鲁木齐水资源开发利用综合水平、子系统得分及相对增长率

年份	水资源开发利用综合水平		本底条件		开发程度		利用效率		管理能力	
	得分	增长率	得分	增长率	得分	增长率	得分	增长率	得分	增长率
1995	0.5163	—	0.2637	—	0.1732	—	0.0795	—	0.0000	—
1996	0.6830	0.3227	0.3378	0.2813	0.1931	0.1155	0.1457	0.8326	0.0063	—
1997	0.4967	−0.2727	0.0502	−0.8514	0.2182	0.1298	0.2164	0.4849	0.0119	0.8958
1998	0.4084	−0.1778	0.2222	3.4253	0.1300	−0.4044	0.0326	−0.8493	0.0236	0.9848
1999	0.3605	−0.1173	0.2185	−0.0166	0.0766	−0.4105	0.0385	0.1799	0.0268	0.1396
2000	0.3965	0.0999	0.2144	−0.0190	0.0963	0.2575	0.0535	0.3916	0.0322	0.1992
2001	0.4266	0.0759	0.2182	0.0177	0.1034	0.0729	0.0742	0.3862	0.0308	−0.0431
2002	0.4004	−0.0614	0.2063	−0.0545	0.0798	−0.2282	0.0708	−0.0457	0.0435	0.4118
2003	0.3898	−0.0263	0.1870	−0.0936	0.0762	−0.0448	0.0829	0.1700	0.0438	0.0066
2004	0.3152	−0.1915	0.1179	−0.3694	0.0654	−0.1424	0.0883	0.0661	0.0436	−0.0046
2005	0.3482	0.1048	0.1116	−0.0534	0.0712	0.0887	0.1214	0.3747	0.0440	0.0095
2006	0.3657	0.0501	0.1605	0.4375	0.0442	−0.3789	0.1189	−0.0209	0.0421	−0.0428
2007	0.3544	−0.0308	0.0759	−0.5273	0.0530	0.2000	0.1809	0.5209	0.0447	0.0610
2008	0.6002	0.6936	0.2293	2.0231	0.0673	0.2688	0.2620	0.4489	0.0416	−0.0690
2009	0.3252	−0.4582	0.0366	−0.8406	0.0294	−0.5625	0.2177	−0.1693	0.0415	−0.0014
2010	0.3073	−0.0551	0.0194	−0.4699	0.0021	−0.9290	0.2390	0.0981	0.0468	0.1266

乌鲁木齐市 1995 年水资源总量为 $11.72 \times 10^8 \text{m}^3$，2010 年为 $9.39 \times 10^8 \text{m}^3$，年均减少 $0.16 \times 10^8 \text{m}^3$，其间呈现波动变化，1996 年最多，达 $14.92 \times 10^8 \text{m}^3$，1997 年最少，仅 $9.04 \times 10^8 \text{m}^3$，两者相邻出现。由图 4-10 可知，测算的水资源开发利用综合指数与水资源总量的变化趋势基本一致，表明二者存在一定的相关性。

水资源本底条件的变化，是乌鲁木齐市水资源开发利用潜力变化的基础，因此，在系统中被赋予了较高的权重，其变化趋势也很大程度影响了乌鲁木齐市水资源开发利用综合指数的变化。开发程度子系统和利用效率子系统的权重得分次之，水资源管理能力子系统的权重很小，对综合得分的影响不大。为具体分析乌鲁木齐市水资源开发利用情况，分别从本底条件、开发程度、利用效率和管理能力四个子系统，分析乌鲁木齐市水资源开发利用各项指标的变化情况。

1) 水资源本底条件

乌鲁木齐市是典型的绿洲城市，在极度缺水的干旱地区，其水资源相对丰富，

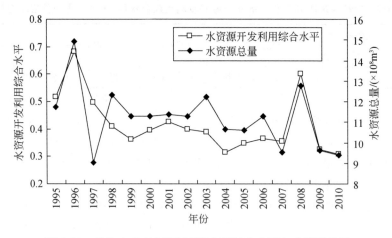

图 4-10　乌鲁木齐市水资源开发利用综合水平与水资源总量

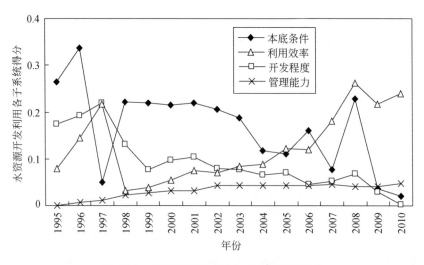

图 4-11　水资源开发利用各子系统演变过程

但近年来水资源短缺的问题也日益严重,水资源本底条件呈现下降趋势。子系统的综合评价值变化幅度较大,波动性较强,总体呈现降低趋势,从 1995 年的 0.2637降至 2010 年的 0.0194,年均减少 0.0163(表 4-7 和图 4-11)。其中,1998~2003 年综合评价值的变化相对较小,从 0.2222 变为 0.1870,年均减少 0.0070,不到整个研究时段平均降幅的一半。

　　水资源本底条件的各项指标中,水资源总量和人均水资源量表征了水资源的丰富程度。由于受到降水变化的强烈影响,两项指标在 1997 年、2007 年、2009 年、

2010 年四个枯水年份和 1996 年、2008 年两个丰水年,均发生了较明显的波动,总体来看均处下降趋势。人口的快速增加,使人均水资源量的下降趋势更为明显,由 1995 年的 730m³/人下降到 2010 年的 386m³/人,减少了近一半,人均水资源量日趋紧张。地下水资源是相对难以更新的水资源,是城市水资源开发利用的后备资源。地下水资源比例反映了城市的水资源结构,比例越高,说明地下水资源越丰富,水资源可开发潜力也相对越大。乌鲁木齐市 1995 年地下水资源量为 $7.36 \times 10^8 m^3$,2010 年降至 $4.03 \times 10^8 m^3$,年均减少 $0.22 \times 10^8 m^3$,其在水资源总量中的比重也呈下降趋势,由 1995 年的 62.80% 降至 2010 年的 42.85%,该项指标的评价值也由 0.0880 降至 0.0055,这说明乌鲁木齐市地下水资源开采日益加剧,水资源本底条件呈现恶化趋势(图 4-12)。

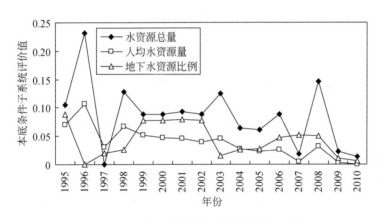

图 4-12　水资源本底条件子系统的演变过程

2)水资源开发程度

随着乌鲁木齐市社会经济发展和人民生活水平的提高,对水资源的需求也日益加大。为满足日益增长的水资源需求,乌鲁木齐市的水资源开发程度逐年加大。指标系统中,因水资源开发程度相对水资源开发利用潜力为逆向指标,故水资源开发程度的加大,表现为该子系统综合评价值的降低。1995 年,乌鲁木齐市水资源开发程度子系统的综合评价值为 0.1732,2010 年降至 0.0021,年均下降 0.0114。

水资源利用率除 1996 年和 2008 年两个丰水年外,均快速上升,从 1995 年的 39.16% 升至 2010 年的 115.98%,年均上升 5.12 个百分点,2009 年和 2010 年乌鲁木齐市的供水总量已超过了水资源总量。其中,地下水开采率持续快速上升,1998 年为 26.98%,2010 年升至 123.11%,2009 年和 2010 年地下水资源超采严重,地下水利用量超过了地下水资源总量。地表水供水比例则从 1995 年的 100%

降至 2010 年的 52.33％,这也说明乌鲁木齐市水资源供给中的地下水供给部分逐年增加。乌鲁木齐市人均用水量 1995 年为 285m³,2010 年增加到 448m³,其中,1995～1999 年波动较大,2000 年以后则基本稳定在 400m³ 左右。四项指标的变化显示,乌鲁木齐市水资源开发利用程度逐年加剧,水资源开发利用潜力则相应有所减小,表现为四项指标的评价值均呈现下降趋势(图 4-13)。

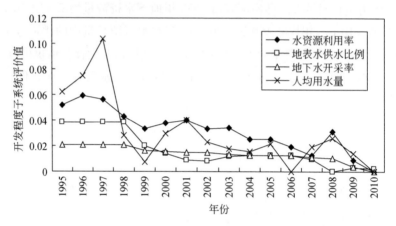

图 4-13　水资源开发程度子系统的演变过程

3)水资源利用效率

社会经济的发展和技术进步,推动了乌鲁木齐市水资源利用效率的提高。除异常年份外(1996 年、1997 年和 2008 年),乌鲁木齐市水资源利用效率基本呈现逐年增加趋势,子系统综合评价值从 1995 年的 0.0795 增加到 2010 年的 0.2390,年均增加 0.0106,1998 年最低,为 0.0326,2008 年最高,为 0.2620,2008 年几乎是1998 年的 8 倍。

单方水地区生产总值和单方水工业总产值总体有所上升,分别由 1995 年的13.63 元/m³ 和 122.76 元/m³ 增加到 2010 年的 27.89 元/m³ 和 199.55 元/m³,分别增长了 105％和 63％。1998 年以前波动性较大,1998～2010 年,除丰水年 2008年外,基本呈逐年增加趋势,说明水资源利用效率和工业用水效率稳步提高。农业灌溉用水定额的变化波动性较大,2006 年最大,为 14787m³/hm²,是最小年份 1997年 3583m³/hm² 的 4 倍,2006 年以后由于节水灌溉的大规模普及,农业用水量有所下降,维持在 9000m³/hm² 左右。居民人均生活用水显著上升,其中,城镇居民生活用水从 1995 年的 122L/d 增加到 2010 年的 209L/d。由于灌溉用水定额和城镇居民生活用水定额为逆向指标,表现为指标得分呈下降趋势,但因下降幅度不大,且赋予的权重相对较小,其对水资源利用效率综合评价值的影响也较小(图 4-14)。

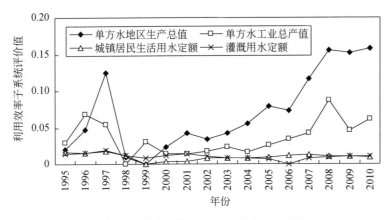

图 4-14　水资源利用效率子系统的演变过程

4)水资源管理能力

水资源紧缺引起了人们的高度重视,乌鲁木齐市水资源管理能力也逐年有所提高,子系统综合评价值由 1995 年的 0 提高到 2010 年的 0.0468,基本呈稳定增加趋势,年均增加 0.0031。水资源管理能力是水资源开发潜力的重要指标,水资源管理能力的提高,将促进水资源的可持续发展与水资源潜力的提升。

各项指标得分均呈稳定上升趋势。城市供水综合能力提高显著,从 1995 年的 $42.6 \times 10^4 \, m^3/d$ 提高到 2010 年的 $120.38 \times 10^4 \, m^3/d$,增加了近 2 倍,年均增加 $5.32 \times 10^4 \, m^3/d$;1995~2003 年匀速增加,年均增加 $5.72 \times 10^4 \, m^3/d$,2004 年跳跃式增加,较 2003 年增加了 $29.46 \times 10^4 \, m^3/d$,然后稳定在 $120 \times 10^4 \, m^3/d$ 左右。城市生活污水处理率和工业废水排放达标率的变化波动性较强,其中城市生活污水处理率在 1999 年以后基本为 45%~70%,相对较低,表明城市污水处理设施建设速度滞后,不能满足城市快速发展的需求,工业废水排放达标率则在波动中有所提高,反映了工业污水减排能力的提高。1999 年以前乌鲁木齐市在生态用水上没有计划用水指标,生态用水量为 0,2000 年开始生态用水量逐年增加,从 1999 年的 $0.12 \times 10^8 \, m^3$ 增加到 2010 年的 $0.42 \times 10^8 \, m^3$,生态用水比例则从 1.59% 上升到 3.89%。这反映出乌鲁木齐市水资源管理能力的逐步提高(图 4-15)。

综合来看,乌鲁木齐市的水资源本底条件和开发利用程度显著恶化,而水资源利用效率和管理能力则迅速改善。受各因素的综合影响,除个别年份外,乌鲁木齐市水资源开发利用潜力逐渐下降,其中,人口快速增长、经济高速发展、水资源污染加重是主要因素。

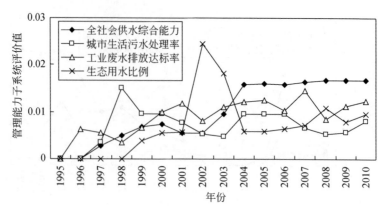

图 4-15　水资源管理能力子系统的演变过程

3. 城市发展-水资源利用协调发展水平

基于计算得出的城市发展综合指数和水资源开发利用综合指数,利用式(4-16)～式(4-18),分别计算乌鲁木齐市城市发展-水资源利用的协调度、综合发展指数和协调发展度,并根据建立的概念评价模型,将城市发展水平和水资源利用潜力按照高(0.8～1)、较高(0.6～0.8)、中(0.4～0.6)、较低(0.2～0.4)和低(0～0.2)进行等级划分,结果如表4-8所示。

表 4-8　1995～2010 年乌鲁木齐市城市发展-水资源利用协调度评价结果

年份	城市发展综合指数		水资源利用综合指数		城市发展-水资源利用协调度					
	$f(U)$	等级	$g(W)$	等级	C	等级	T	等级	D	等级
1995	0.0771	低	0.5163	中	0.2045	较低	0.2967	较低	0.2464	较低
1996	0.1166	低	0.6830	较高	0.2482	较低	0.3998	较低	0.3150	较低
1997	0.1667	低	0.4967	中	0.5664	中	0.3317	较低	0.4334	中
1998	0.2129	较低	0.4084	中	0.8117	高	0.3106	较低	0.5021	中
1999	0.2478	较低	0.3605	较低	0.9326	高	0.3041	较低	0.5326	中
2000	0.2477	较低	0.3965	较低	0.8961	高	0.3221	较低	0.5372	中
2001	0.3095	较低	0.4266	中	0.9500	高	0.3680	较低	0.5913	中
2002	0.3305	较低	0.4004	中	0.9818	高	0.3654	较低	0.5990	中
2003	0.3693	较低	0.3898	较低	0.9985	高	0.3796	较低	0.6156	较高
2004	0.4227	中	0.3152	较低	0.9580	高	0.3689	较低	0.5945	中

年份	城市发展综合指数		水资源利用综合指数		城市发展-水资源利用协调度					
	$f(U)$	等级	$g(W)$	等级	C	等级	T	等级	D	等级
2005	0.4852	中	0.3482	较低	0.9467	高	0.4167	中	0.6281	较高
2006	0.6024	较高	0.3657	较低	0.8840	高	0.4841	中	0.6541	较高
2007	0.7151	较高	0.3544	较低	0.7855	较高	0.5347	中	0.6481	较高
2008	0.8097	高	0.6002	较高	0.9564	高	0.7049	较高	0.8211	高
2009	0.8486	高	0.3252	较低	0.6419	较高	0.5869	中	0.6138	较高
2010	0.9263	高	0.3073	较低	0.5598	中	0.6168	较高	0.5876	中

协调度评价结果显示,1995~2010 年,乌鲁木齐市的城市发展综合指数和水资源利用综合指数在较多年份相差不大,两系统间协调度较高,尤其是 1998~2006 年,两个系统处于高度协调状态,协调度指数 C 一直高于 0.8。研究初期因城市发展程度相对较低,而水资源开发程度较弱,水资源开发利用潜力较好,两系统的协调度最低,C 为 0.2045,协调发展度指数 D 也最低,为 0.2464。

整体来看,乌鲁木齐市城市发展-水资源利用系统的协调度呈现倒 U 字形变化,与 $|f(U)-g(W)|$ 的变化趋势相反(图 4-16)。2003 年以前,$f(U)<g(W)$,随着城市发展水平的逐渐提高和水资源开发利用程度的加剧,$f(U)$ 逐年升高,$g(W)$ 逐年降低,$|f(U)-g(W)|$ 逐渐减小,2003 年两值差距最小,故两系统的协调度为最高,达 0.9985,但由于城市发展与水资源利用的整体水平不高,2003 年乌鲁木齐市的协调发展程度处于较高水平。2004 年之后,城市发展综合指数 $f(U)$ 大于水资源利用综合指数 $g(W)$,且 $|f(U)-g(W)|$ 逐渐增大,因此,协调度 C 呈现下降趋势。2008 年(丰水年)城市发展水平与水资源利用综合指数均较高,表现为该年份下乌鲁木齐城市发展-水资源利用系统协调度较高,处于高度协调发展状态。

乌鲁木齐市城市发展水平的不断提高,对水资源开发利用程度的要求也越来越高。而城市发展水平与水资源开发潜力之间的协调度先升后降,主要是由于水资源开发潜力的降低,导致二者的协调发展度不高,表明城市发展系统和水资源系统的矛盾也越突出。在未来发展中,应该在保持城市发展速度的情况下,提高乌鲁木齐市水资源利用效率和水资源管理能力,保证水资源的高效合理利用。

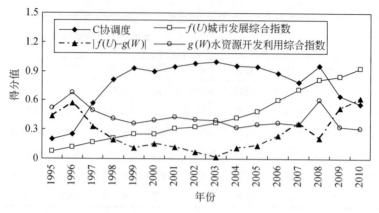

图 4-16　乌鲁木齐市城市发展-水资源利用协调度示意图

4. 城市-水资源可持续发展水平

利用式(4-19)~式(4-24),计算得出 1995~2010 年乌鲁木齐市的城市发展有效度、水资源可承载度和城市-水资源可持续发展度(表 4-9)。

乌鲁木齐市城市系统快速发展,城市发展有效度也持续上升,由 1995 年的 0.2716 增至 2010 年的 0.5001,各年份城市有效度均表现为上升趋势。水资源可承载度则受水资源量年际变化的强烈影响,呈现波动变化,丰水年 1996 年和 2008 年 LI 分别为 0.7951 和 0.7177,2010 年 LI 为 0.5841。受水资源可承载度的波动影响,乌鲁木齐市城市-水资源可持续发展水平也呈波动变化,2008 年达历年最高值 0.5873,1999 年(枯水年)则较低,为 0.4356。

表 4-9　乌鲁木齐城市-水资源可持续发展水平评价结果

年份	城市-水资源可持续发展度 DD		城市发展有效度 EG		水资源可承载度 LI	
	得分	变化率	得分	变化率	得分	变化率
1995	0.4292	—	0.2716	—	0.6783	—
1996	0.4779	0.1135	0.2873	0.0577	0.7951	0.1722
1997	0.4747	−0.0068	0.3013	0.0490	0.7476	−0.0597
1998	0.4347	−0.0842	0.3160	0.0487	0.5979	−0.2003
1999	0.4356	0.0021	0.3292	0.0417	0.5764	−0.0360
2000	0.4534	0.0408	0.3468	0.0536	0.5927	0.0283
2001	0.4700	0.0365	0.3627	0.0457	0.6089	0.0274

年份	城市-水资源可持续发展度 DD		城市发展有效度 EG		水资源可承载度 LI	
	得分	变化率	得分	变化率	得分	变化率
2002	0.4706	0.0015	0.3637	0.0028	0.6090	0.0001
2003	0.4876	0.0360	0.3868	0.0634	0.6146	0.0093
2004	0.4788	−0.0180	0.4029	0.0415	0.5691	−0.0741
2005	0.4962	0.0363	0.4164	0.0337	0.5913	0.0389
2006	0.5168	0.0415	0.4458	0.0705	0.5991	0.0133
2007	0.5273	0.0203	0.4654	0.0439	0.5975	−0.0028
2008	0.5873	0.1138	0.4806	0.0327	0.7177	0.2013
2009	0.5347	−0.0896	0.4877	0.0149	0.5861	−0.1834
2010	0.5405	0.0109	0.5001	0.0254	0.5841	−0.0034

　　综合近年来水资源压力和承载力的相关研究成果,当流域剩70%的水资源用于生态环境系统,即水资源开发利用潜力综合指数大于0.7时,虽然社会经济发展会给水资源系统带来一定压力,但首先表现为社会经济用水对生态环境用水的挤占及生态环境恶化,城市发展速度受水资源短缺的影响较小,水资源对城市发展的约束强度较弱;当流域还剩50%的水资源用于生态环境系统时,水资源系统除通过生态环境系统对社会经济发展造成间接损失外,还会对社会经济发展速度产生直接影响,水资源对城市发展的约束强度较强;当还剩30%的水资源用于生态环境系统时,水资源延缓经济发展速度的现象表现明显;当用于生态环境系统的水资源不足30%时,水资源系统对社会经济发展的阻滞作用极强。

　　根据可持续发展评估的模型和原理,用城市-水资源可持续发展指数代替水资源开发利用潜力指数,来作为可持续发展的阈值更为合理(表4-10)。

表4-10　城市-水资源可持续发展阈值划分标准

可持续发展状态	可持续发展指数阈值	主要问题
发展状态差	<0.3	对城市发展进程影响极大,对城市发展速度和质量产生极大影响
发展状态较差	0.3~0.5	对城市发展进程影响很大,对城市发展速度和质量产生重大影响
发展状态较好	0.5~0.7	对城市发展进程影响较小,城市发展受一定程度缺水影响
发展状态好	>0.7	对城市发展进程影响很小,城市发展基本不受缺水影响

　　从乌鲁木齐市城市-水资源可持续发展评估结果看,2005年以前,乌鲁木齐市

总体处于可持续发展较差的状态,城市发展速度和质量受缺水影响较大;2006年以后,因城市发展有效度的提高,表现出从较差向较好状态转变的趋势,可持续发展评价值大于0.5,但在0.5附近徘徊。分析结果表明,社会经济的快速发展有助于提高城市-水资源的可持续发展水平,但总体不足以弥补其发展带来的水资源承载力的下降,绿洲城市发展中,水资源的胁迫作用在不断加剧,现有的发展方式仍然不可持续。如果以现有发展模式继续进行,乌鲁木齐市城市发展必然受到水资源的强烈限制,迟滞绿洲城市的进一步发展。

第5章 乌鲁木齐城市发展与水资源利用
交互影响的耦合关系

历史时期的城市发展进程与水资源开发利用的动态演变表明,改革开放以来,尤其是西部大开发战略实施以来,乌鲁木齐城市发展进程不断加快,水资源开发利用程度也日益加大。城市发展与水资源利用的关系逐渐成为干旱区社会经济发展与资源开发利用相互关系的重要部分,乌鲁木齐市作为典型的干旱区绿洲城市,二者的关系尤为重要。本章将1995~2010年乌鲁木齐市水资源公报和统计年鉴作为主要数据来源,对近15年乌鲁木齐城市发展与水资源利用的相互耦合关系进行分析。

5.1 城市发展对水资源开发利用的影响分析

5.1.1 城市发展与水资源利用的相互关系

城市发展具体表现为人口增长、经济发展和用地规模扩张,这必将导致城市用水人口增加和产业结构变化等,从而带来用水总量、用水结构和用水效益的变化。

1. 城市发展与用水总量

用水总量的变化是城市发展对水资源开发利用最显著的影响。城市人口与用水量密切相关,人口数量越多,对用水量的需求则越大。城市人口数量的增长成为用水总量增加的主要原因之一。1945年乌鲁木齐市建市时全市人口仅7.09万人,新中国成立后,随着新疆的开发和经济的发展,乌鲁木齐市人口大幅增加,人口规模快速扩张,从1949年的10.77万人发展到2011年的249.35万人,增长了22.15倍,年均增长率为5.20%。其中1995~2010年,人口由160.65万人增至243.03万人,年均增长率为2.80%(表5-1)。城镇人口规模也是影响用水总量的重要因素。乌鲁木齐市城镇人口从1995年的128.26万人增至2010年的234.71万人,规模扩张了近一倍,2010年城镇人口比重为96.58%,较1995年的79.84%上升了16.74%,年均增加1.12个百分点,人口城市化程度增加显著。

同时,乌鲁木齐市经济发展迅速,建成区规模也迅速扩张。地区生产总值(GDP)从 1995 年的 62.55 亿元(1978 年可比价)增至 2010 年的 303.76 亿元,增长了 3.86 倍,年均增长 11.11%;建成区面积由 1995 年的 83km² 增加到 2010 年的 343km²,增长了 3.13 倍,年均增长 9.82%。

表 5-1　1995~2010 年乌鲁木齐市城市发展指标与用水指标变化

年份	用水总量 /($\times 10^8 m^3$)	总人口 /($\times 10^4$人)	GDP /($\times 10^8$元)	建成区面积 /km²	城市化率/%	人均用水量/ (m³/人)	水资源开发 利用率/%
1995	4.59	160.65	62.55	83	79.84	285.71	39.16
1996	4.17	164.61	68.29	85	80.44	253.33	27.95
1997	3.01	168.73	73.59	83	80.91	178.39	33.30
1998	6.44	171.66	80.35	86	81.29	375.15	52.36
1999	7.54	175.96	87.11	91	81.59	428.51	66.84
2000	6.76	181.69	94.63	140	82.53	372.06	59.93
2001	6.44	186.57	102.94	167	86.05	345.18	56.54
2002	7.52	193.61	113.78	167	87.23	388.41	66.73
2003	8.05	199.81	128.36	169	89.01	402.87	65.88
2004	8.37	204.60	144.50	173	89.08	409.10	78.52
2005	8.37	212.95	165.17	176	88.79	393.05	79.04
2006	9.92	221.03	188.79	236	88.98	448.81	87.94
2007	9.22	231.30	217.30	259	97.02	398.62	96.85
2008	9.00	236.05	248.16	303	97.05	381.27	70.48
2009	9.93	241.19	270.49	339	96.62	411.70	103.01
2010	10.89	243.03	303.76	343	96.58	448.22	115.98
增长率/%	5.93	2.80	11.11	9.82	1.28	3.05	7.51

城市的迅速发展使乌鲁木齐市的用水量也持续增长。1995~2010 年,用水总量从 $4.59 \times 10^8 m^3$ 攀升到 $10.89 \times 10^8 m^3$,15 年间增长了 1.37 倍,年均增长 5.93%,这与乌鲁木齐市总人口、GDP、建成区面积的变化趋势一致(图 5-1)。

其中,总人口增长速度相对较缓,GDP 增长最快,二者均表现为匀速增长;建成区面积的增长速度略低于 GDP 增长速度,其变化具有一定的阶段性;用水总量

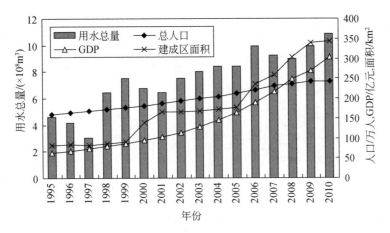

图 5-1　1995～2010 年乌鲁木齐市城市发展指标与用水总量的变化趋势

则在波动中呈增长趋势,总体变化趋势与城市发展相一致,增长速度快于人口增长,而较 GDP 和建成区面积增长速度慢,城市发展对水资源利用量的影响作用显著。

　　相关研究表明,用水量变化与 GDP 增长呈幂函数关系,与城市化水平呈对数关系。为进一步说明乌鲁木齐市用水总量随人口增长、经济增长和用地扩张的变化情况,采用历年总人口代表城市人口规模,以城镇人口比重表征人口城市化水平,以 GDP 总量代表城市经济规模,以建成区面积代表城市用地规模,分别构建人口规模与用水总量、人口城市化指数与用水总量、经济规模与用水总量、用地规模与用水总量的关系模型(图 5-2 和表 5-2)。

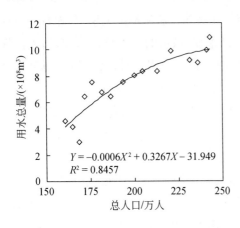
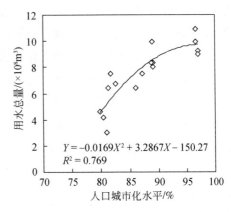

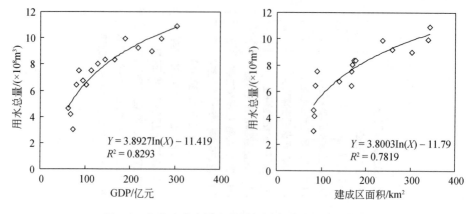

图 5-2　乌鲁木齐市城市发展与用水总量的关系曲线

表 5-2　乌鲁木齐市用水总量与城市发展水平的拟合函数

指标	与用水总量 Y 的关系函数	R^2	拟合曲线类型	显著程度
人口规模 X_1	$Y=-0.0006X_1^2+0.3267X_1-31.949$	0.8457	二次曲线	显著
人口城市化指数 X_2	$Y=-0.0169X_2^2+3.2867X_1-150.27$	0.7690	二次曲线	显著
经济规模 X_3	$Y=3.8927\ln(X_3)-11.419$	0.8293	对数曲线	显著
用地规模 X_4	$Y=3.8003\ln(X_4)-11.79$	0.7819	对数曲线	显著

　　结果表明,乌鲁木齐市用水总量与人口规模和人口城市化水平均为二次曲线关系,R^2 分别为 0.8457 和 0.769;与经济规模和用地规模呈对数增长关系,R^2 分别为 0.8293 和 0.7819,拟合关系均较好,相关性显著。这从理论上说明,随着人口规模(经济规模、用地规模、人口城市化指数)的增加,城市的用水总量增加,当人口规模(经济规模、用地规模、人口城市化指数)增加到一个阈值时,城市的用水总量将随人口规模(经济规模、用地规模、人口城市化指数)的增加而减少。

　　用水人口的增加,使水资源利用总量大幅增加,人口城市化比重的变化,也使农村人口向城镇人口转变,因城镇生活用水定额高于农村生活用水定额,也加速了用水量的增加。地区生产总值的变化,主要是由于产业结构的变化,第一产业比重减小,第二、第三产业比重增加,导致用水量大幅增加。城镇用地的扩张,一方面压缩了农业用地面积,使农业在 GDP 中所占份额逐步下降,间接推动了农业用水的减少;另一方面极大扩张了第二、第三产业的用地面积,促使用水量向第二、第三产业大幅转移。整体来看,城镇用地的扩张推动了用水总量的提升。

城市化水平每提高一个百分点,所需增加的用水量将高于一个百分点。若以现有模式增长,乌鲁木齐市的水资源量难以支撑城市化水平的持续提高。为了城市的持续健康发展,乌鲁木齐市应改变传统的社会经济发展模式,提高城市用水效率,实现城市用水的可持续发展。

2. 城市发展与用水水平

用水水平包括人均用水水平和水资源开发利用水平。其中,人均用水水平可以用人均用水量、人均生活用水量、人均农业用水量和人均工业用水量等不同指标来反映,人均用水量是能够全面反映一个区域用水水平的综合指标;水资源开发利用率则是表征水资源开发利用水平较为常用的指标。

乌鲁木齐市人口增长与社会经济的发展,导致人均用水水平和水资源开发利用率的变化(图 5-3)。1995 年,乌鲁木齐市人均用水量为 $285.71m^3$,2010 年增至 $448.22m^3$,年均增加 $10.83m^3$,平均增长率为 3.05%,高于城镇人口比重表征的城市化水平的增长速度 1.28%。水资源开发利用率增长迅速,1995 年乌鲁木齐市水资源开发利用率仅 39.16%,随后在波动中快速增长,2009 年超过 100%,2010 年达 115.98%,几乎是 1995 年的 3 倍,城市水资源总量已不能满足城市发展的水资源需求(表 5-1)。城市快速发展带来的水资源需求增加,是乌鲁木齐市水资源开发利用率上升的重要因素。

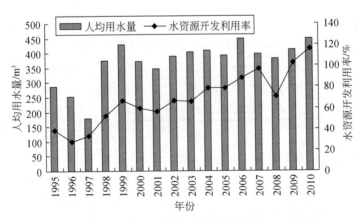

图 5-3　乌鲁木齐市历年人均用水量与水资源开发利用率变化

根据乌鲁木齐市 1995～2010 年的人均用水量、水资源开发利用率和人口城市化水平数据,分别构建人均用水量与人口城市化水平、水资源开发利用率和人口城市化水平的关系模型(图 5-4)。

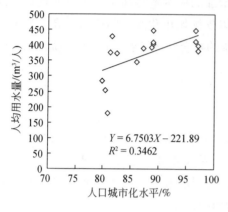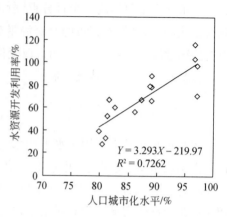

图 5-4　乌鲁木齐市城市发展水平与用水水平的关系曲线

城市化水平稳步提升的同时,人均用水量也在不断增加。乌鲁木齐市的人均用水量变化,主要受用水总量的变化影响,人口增长对其的影响相对较小,人均用水量与人口城市化水平之间的拟合关系不显著。因乌鲁木齐市 1995~1997 年用水总量的减少,人均用水量也有所下降,1997 年人均用水量为历年最低,仅178.39m³,1998 年以后因用水总量的增加,人均用水量基本保持平稳,维持在400m³ 左右。城市化水平的提高带来用水结构等的变化,导致用水较多的城市人口和非农产业增加,加剧了水资源的开发利用水平,二者的相关性比较显著,R^2 为0.7262(表 5-3)。

表 5-3　乌鲁木齐市用水水平与城市发展水平的拟合函数

指标	与人口城市化水平 X 的关系函数	R^2	拟合曲线类型	显著程度
人均用水量 Y_1	$Y_1 = 6.7503X - 221.89$	0.3462	线性	不显著
水资源开发利用率 Y_2	$Y_2 = 3.293X - 219.97$	0.7262	线性	显著

3. 城市发展与用水结构

产业结构演进有助于城市化进程的推进,城市化水平的提升又有助于产业结构的优化升级。区域产业结构转变与城市化互动已成为我国区域与城市发展的必然趋势。产业结构与用水结构的相互作用将会影响城市化进程中的水资源消耗。乌鲁木齐市的产业结构从 1995 年的 3.35∶37.79∶58.86 调整为 2010 年的 1.49∶44.86∶53.65,第一产业比重极低且持续下降,占 GDP 份额大幅度减小,第三产业依然是乌鲁木齐市地区生产总值的主要构成部分。

　　产业结构的变化推进城镇化的发展,并且对城市用水总量和用水结构产生一定影响。作为典型的绿洲城市,农业依然是乌鲁木齐市最为耗水的产业,在用水总量中占绝对比重,农业用水量由 1995 年的 $3.43 \times 10^8 \, m^3$ 增至 2010 年的 $7.01 \times 10^8 \, m^3$,但由于第一产业比重的下降和用水总量的快速增加,农业用水比重呈下降趋势,由 1995 年的 74.73% 降至 2010 年的 64.36%,15 年降低了 10 个百分点。工业用水比重的增加趋势较为明显,生活用水比重则表现为先上升后下降(图 5-5)。

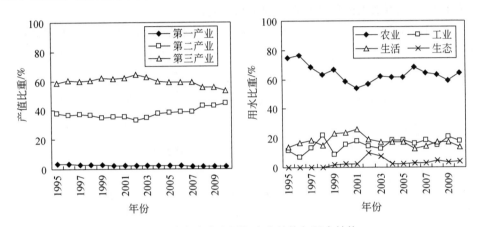

图 5-5　乌鲁木齐市历年产业结构与用水结构

　　世界的平均用水结构,农业用水占 65%,工业用水和城市用水分别为 22% 和 7%。乌鲁木齐市的农业用水比例低于世界平均水平,主要是由于农业在国民经济中占较小地位,其水资源利用方式仍较粗放,这将导致农业生产大量挤占生态用水,限制生态建设。而根据我国内陆河水资源开发利用的现状,要使生态不再继续恶化,经济耗水应控制在 30%~50% 比较合理,最高不宜超过 60%(刘昌明和陈志恺,2001)。

　　乌鲁木齐市工业产值较高,具有较高的用水效率,水资源消耗少,因此,工业用水比重较低。近年来,由于耗水型工业企业的增多,第二产业产值占 GDP 比重下降而用水比重提高。乌鲁木齐市工业的迅猛发展以水资源高消耗为代价,其发展模式较为粗放。为了乌鲁木齐市工业的持续健康发展,未来应逐步限制高耗水企业的审批立项,加强对工业废水的再利用,推广"中水"在工业企业中的应用,采取多项"节流"措施,逐步实现未来工业用水的可持续平稳发展。

　　作为经济发达地区,居民生活水平相对较高,生活用水量较大,使得生活用水比重较高,这是未来西北干旱区绿洲城市用水结构的发展趋势。随着城市快速发展和经济水平不断提高,乌鲁木齐市的人口规模不断扩大,人均生活用水量也大幅提高,再加上第三产业的发展,环境、建设等公共用水的比重也会加大,因此,城市生活用水比重将持续增大。

4. 城市发展与用水效益

用水效益可以用两种不同指标来反映,即单位用水产值或单位产值用水。单位用水产值越高,用水效益就越高;单位产值用水越少,用水效益也越高。这里选择单位用水产值来表征乌鲁木齐市的用水效益。

采用地区生产总值与用水总量的比值表征用水总效益,第一产业产值与农业用水的比值表征第一产业用水效益,第二产业产值与工业用水的比值表征第二产业用水效益,第三产业产值与生活用水的比值表征第三产业用水效益。乌鲁木齐市 1995~2010 年不同产业的用水效益如表 5-4 所示。为数据可比,产值均转化为 1978 年可比价。

表 5-4　1995~2010 年乌鲁木齐市各产业用水效益　（单位：元/m³）

年份	单位用水产值					
	GDP	第一产业	第二产业	第三产业	农业	工业
1995	13.63	0.61	44.60	58.43	1.05	122.76
1996	16.38	0.70	86.17	59.53	1.19	216.98
1997	24.45	1.02	70.44	78.60	1.73	183.04
1998	12.48	0.56	20.88	51.18	0.93	53.20
1999	11.55	0.46	48.49	31.00	0.79	125.14
2000	14.00	0.58	32.34	36.94	1.01	86.85
2001	15.99	0.67	32.30	38.39	1.16	85.95
2002	15.13	0.64	34.79	51.51	1.05	94.43
2003	15.95	0.61	42.92	57.20	1.04	110.38
2004	17.26	0.66	35.50	59.37	1.09	91.18
2005	19.73	0.71	40.98	67.56	1.13	114.20
2006	19.03	0.58	45.67	87.66	0.92	135.71
2007	23.57	0.73	50.52	96.29	1.13	154.87
2008	27.57	0.67	79.33	88.47	1.24	259.27
2009	27.24	0.71	56.65	87.85	1.35	161.71
2010	27.89	0.65	69.47	108.88	1.21	199.55

随着城市化水平的提高和节水技术的采用,乌鲁木齐市的用水效益总体呈上升趋势,1995~2010 年,单方水地区生产总值从 13.63 元/m³ 上升到 27.89 元/m³,增加了一倍以上。从不同产业看,第一产业用水效益远低于第二、第三产业的用水效益,且呈现波动变化,1995 年与 2010 年第一产业用水效益相差不大。除个别年份外,第三产业用水效益也高于第二产业,二者均呈现增加趋势。采用工业总产值与工业用水量的比值表征工业用水效益,农林牧渔总产值与农业用水的比值表征农业用水效益,由表 5-4 可知,工业用水效益远高于农业用水效益,几乎是后者的100 倍。

1995~1999 年,乌鲁木齐市用水效益的波动性较强,1999 年以后各产业用水效益均呈现上升趋势,水资源利用效率持续增长(图 5-6)。由此可见,城市经济的发展使区域水资源利用程度不断提高,水资源压力快速增加的同时,也促进了水资源利用效率的提高。

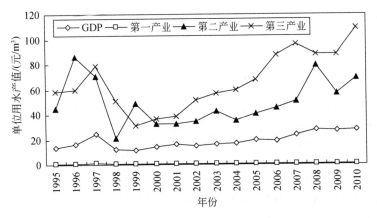

图 5-6　1995~2010 年乌鲁木齐市各产业用水效益

乌鲁木齐市城市化水平与用水效益之间存在一定的关系(图 5-7),在城市化水平稳步提升的同时,用水效益也不断提高,尤其是 1999 年以后,二者表现出相同的变化趋势。为揭示城市化水平与用水效益的相关关系,采用乌鲁木齐市 1995~2010 年人口城市化水平(X)与单位用水产值(Y)数据,做出二者耦合关系变化的散点图(图 5-7)。用水效益的变化,主要受经济增长与技术进步影响较大,与人口城市化水平之间的拟合关系不显著,但基本表现出线性增长关系。

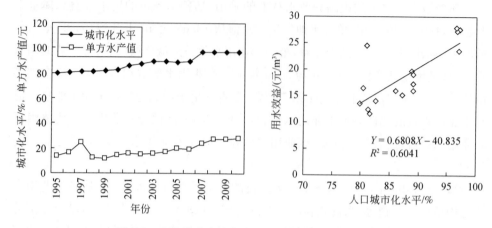

图 5-7　乌鲁木齐市城市发展水平与用水效益的关系

城市化水平的提高有助于用水效益水平的提高,但是城市化水平的较快增长将以用水总量的大幅增长为代价,长此以往水资源必将对城市发展产生较大的制约作用。

5.1.2　城市发展对水资源利用影响的综合测度

城市社会经济的快速发展,加剧了对水资源的开发利用,使城市用水总量增加,而城市发展水平也促进了用水效益的提高。5.1.1 节以城镇人口比重表征人口城市化水平,分析了城市化水平与水资源开发利用的关系,但水资源利用与城市经济发展、社会进步、空间扩张均有关联。为探讨城市综合发展对水资源开发利用的影响,提出了城市综合规模与城市综合水平两个指标,分析其与用水总量、开发程度和用水效益之间的关系。

1. 城市综合规模与水资源利用

城市规模一般采用区域的城镇人口表征,近年来有学者用建成区面积和地区生产总值来反映城市的土地规模与经济规模(李培祥,2008)。结合干旱区绿洲城市社会经济"离散性"及绿洲可利用土地面积稀缺性特点,采用城镇人口表示人口规模,GDP 表示经济规模,建成区面积表示空间规模,加权求和得出乌鲁木齐市1995～2010 年的城市综合规模(表 5-5)。

表 5-5　1995～2010 年乌鲁木齐市城市综合规模

年份	人口规模 /($\times 10^4$人)	经济规模 /($\times 10^8$元)	空间规模 /km²	城市综合规模 /(万人·亿元·km²)	发展速度 /%
1995	128.26	62.55	83	93.95	—
1996	132.41	68.29	85	98.06	4.38
1997	136.53	73.59	83	101.12	3.12
1998	139.54	80.35	86	105.56	4.39
1999	143.57	87.11	91	110.59	4.77
2000	149.95	94.63	140	127.99	15.73
2001	160.55	102.94	167	141.95	10.91
2002	168.89	113.78	167	149.15	5.08
2003	177.85	128.36	169	158.36	6.17
2004	182.26	144.50	173	166.80	5.32
2005	189.07	165.17	176	177.55	6.45
2006	196.67	188.79	236	203.71	14.74
2007	224.41	217.30	259	230.59	13.19
2008	229.08	248.16	303	254.19	10.23
2009	233.05	270.49	339	272.64	7.26
2010	234.71	303.76	343	285.95	4.88

城市综合规模的计算公式为

$$Z = W_1 Z_1 + W_2 Z_2 + W_3 Z_3 \qquad (5\text{-}1)$$

式中，Z 为城市综合规模，万人·亿元·km²；Z_1 为城市人口规模；Z_2 为城市经济规模；Z_3 是城市土地规模（Z_1、Z_2、Z_3 经过归一化处理）；W_i 为权重系数，采用专家打分法获得，$W_1 = 0.40$，$W_2 = 0.35$，$W_1 = 0.25$（张仲伍等，2011）。

乌鲁木齐市是我国西北干旱区的特大城市，是天山北坡经济区的核心城市。在城市综合规模中，城镇人口的聚集和规模效应对城市综合规模影响最大，权重为0.40；其次为经济规模，权重为 0.35；最后是建成区规模，权重为 0.25。从表 5-5可以看出，乌鲁木齐市的城市综合规模呈逐年扩大趋势，由 1995 年的 93.95 万人·亿元·km² 增加到 2010 年的 285.95 万人·亿元·km²，增长了约 2 倍。其中，人口规模和经济规模的增长速度较为平缓，受空间规模变化的影响，乌鲁木齐市综合规模在 2000 年、2006 年和 2008 年呈加速发展，2007 年的发展速度加快则主要是由于城镇人口的增加。

　　为考察城市综合规模与城市用水的关系,根据相关数据,做出城市用水总量、开发程度(水资源开发利用率)和用水效益(单方水 GDP)随城市综合规模发展变化的曲线(图 5-8)。由图可知,乌鲁木齐市的城市综合规模逐年扩大,其中,1995～1999 年,速度最为平缓;1999～2005 年,城市综合规模的发展速度有所提升,2006 年以后,城市综合规模的发展速度最快。随着城市综合规模的发展,乌鲁木齐市水资源开发利用强度逐年加大,用水总量、开发程度均有所提高,而城市发展也有助于节水技术与废污水处理技术的推广,从而提高水资源的利用效率。水资源开发利用的三项指标,在 1999 年以前较为波动,1999 年以后则基本呈现上升趋势。

　　乌鲁木齐市水资源开发利用不同指标与城市综合规模的拟合散点图(图 5-8)表明其存在较强的关联性。绘制散点图的拟合曲线,并求出乌鲁木齐市城市综合规模与各水资源利用指标之间的相关表达式(表 5-6)。

　　乌鲁木齐市的用水总量与城市综合规模为二次曲线关系,开发程度与城市综合规模为对数曲线关系,用水效益与城市综合规模呈线性相关。城市综合规模在 100～150 万人·亿元·km² 时,用水总量处于 $3×10^8$～$7.5×10^8$ m³,水资源开发利用率处于 30%～65%。1995 年乌鲁木齐市城市综合规模为 93.95 万人·亿元·km²,用水总量为 $4.59×10^8$ m³,水资源开发利用率为 39.16%,用水效益为 13.63 元/m³;2010 年城市综合规模为 285.95 万人·亿元·km² 时,用水总量增至 $10.89×10^8$ m³,水资源开发利用率为 115.98%,用水效益为 27.88 元/m³,三项指标均随城市规模扩张而发生较大变化,表现出周期性的波动。

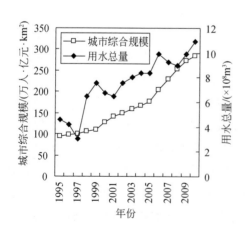
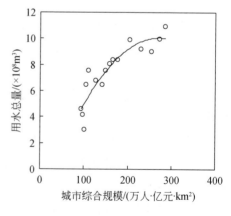

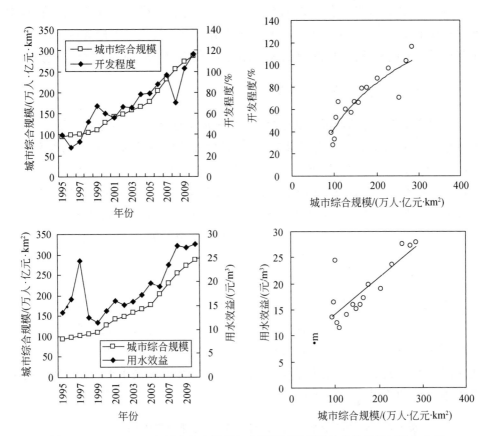

图 5-8 1995～2010 年城市综合规模与水资源开发利用的变化趋势与拟合曲线

表 5-6 乌鲁木齐市水资源利用与城市综合规模的拟合函数

指标	与城市综合规模 Z 的关系函数	R^2	拟合曲线类型	显著程度
用水总量 Y_1	$Y_1 = -0.0002Z^2 + 0.0935Z - 2.6446$	0.8222	二次曲线	显著
开发程度 Y_2	$Y_2 = 58.762\ln Z - 228.12$	0.8158	对数曲线	显著
用水效益 Y_3	$Y_3 = 0.0702Z + 7.1138$	0.6589	线性	显著

用水总量与城市综合规模的二次曲线关系,从理论上表明,乌鲁木齐市人口增加和经济发展,使得城市综合规模扩大,进而导致城市用水总量增加。当城市综合规模发展到一个阈值时,城市集聚效应和规模效应增加,供水基础设施逐渐完善,节水新技术和废水、污水处理新技术进步,水资源利用效率提高,使得万元 GDP 用水量下降,城市用水量减少。计算求出该阈值为 233.75 万人·亿元·km²,城市综合规模超过该值时,城市用水量下降。上述阈值是由于 2008 年用水总量的异常

值所致,不应该是城市用水总量下降的阈值,城市综合规模在接近理论阈值时,用水总量稳定在 $9\times10^8\sim10\times10^8\,\mathrm{m}^3$,但乌鲁木齐综合规模大于理论阈值时,用水量不降反增。但用水效益和水资源开发利用程度,随着城市规模的发展而波动上升。

2. 城市综合水平与水资源利用

采用第 4 章计算的城市发展综合指数反映城市综合水平,其中包括城市人口、城市经济、城市社会和城市空间四项次一级指标,四项指标分别反映了乌鲁木齐市人口、经济、社会和空间的发展水平。选取用水总量(Y_1)、开发程度(Y_2,水资源开发程度子系统综合得分)和用水效率(Y_3,水资源利用效率子系统综合得分)来表征乌鲁木齐市水资源利用状况;选取城市人口子系统(X_1)、城市经济子系统(X_2)、城市社会子系统(X_3)和城市空间子系统(X_4)表征城市发展水平。根据灰色关联分析方法,运用 Matlab 软件计算得出乌鲁木齐市 1995~2010 年水资源利用与城市综合水平的关联系数和关联度(表 5-7)。

根据关联度的判断规则,当 $0<r\leqslant0.35$ 时,关联性弱;$0.35<r\leqslant0.65$ 时,关联度中;当 $0.65<r\leqslant0.85$ 时,关联度较强;当 $0.85<r\leqslant1$ 时,关联度极强。由表 5-7 可知,除开发程度 Y_2 和城市空间发展水平 X_4 的关联度为中外,用水总量、开发程度、用水效率与城市人口、城市经济、城市社会、城市空间发展水平均存在较强的关联度,相互间的关联度均处于 0.65~0.85。

表 5-7　乌鲁木齐市水资源利用与城市综合水平的灰色关联分析结果

年份	用水总量 Y_1				开发程度 Y_2				用水效率 Y_3			
	X_1	X_2	X_3	X_4	X_1	X_2	X_3	X_4	X_1	X_2	X_3	X_4
1995	0.847	0.724	0.783	0.666	0.812	0.699	0.754	0.645	0.716	0.626	0.670	0.582
1996	0.919	0.906	0.944	0.744	0.881	0.947	0.988	0.771	0.528	0.480	0.490	0.430
1997	0.655	0.649	0.646	0.966	0.674	0.668	0.665	0.992	0.399	0.401	0.402	0.333
1998	0.674	0.669	0.692	0.489	0.701	0.694	0.719	0.503	0.734	0.741	0.714	0.835
1999	0.545	0.584	0.592	0.429	0.489	0.520	0.526	0.393	0.754	0.691	0.680	0.854
2000	0.590	0.619	0.866	0.593	0.517	0.539	0.718	0.520	0.941	0.877	0.624	0.934
2001	0.774	0.681	0.938	0.731	0.643	0.578	0.836	0.614	0.860	0.987	0.658	0.920
2002	0.643	0.573	0.804	0.552	0.576	0.519	0.702	0.502	0.772	0.905	0.623	0.964
2003	0.588	0.586	0.730	0.509	0.573	0.571	0.707	0.497	0.824	0.827	0.648	0.952
2004	0.562	0.646	0.767	0.501	0.541	0.619	0.729	0.484	0.840	0.703	0.600	0.974

续表

年份	用水总量 Y_1				开发程度 Y_2				用水效率 Y_3			
	X_1	X_2	X_3	X_4	X_1	X_2	X_3	X_4	X_1	X_2	X_3	X_4
2005	0.606	0.844	0.699	0.502	0.606	0.846	0.700	0.502	0.993	0.678	0.814	0.749
2006	0.598	0.593	0.578	0.527	0.680	0.673	0.654	0.589	0.653	0.659	0.679	0.766
2007	0.950	0.803	0.703	0.725	0.890	0.851	0.740	0.765	0.695	0.877	0.965	0.993
2008	0.894	0.862	0.862	0.787	0.778	0.753	0.993	0.695	0.750	0.774	0.620	0.847
2009	0.847	0.922	0.781	0.809	0.867	0.947	0.798	0.791	0.911	0.838	0.997	0.661
2010	0.704	0.930	0.789	1.000	0.716	0.953	0.805	0.976	0.980	0.754	0.883	0.714
关联度 r	0.712	0.725	0.761	0.658	0.684	0.711	0.752	0.640	0.772	0.739	0.692	0.782
关联序	3	2	1	4	3	2	1	4	2	3	4	1

　　城市社会发展水平是对用水总量和开发程度影响最大的因子,对用水总量的影响又相对较强,二者的关联度分别为 0.761、0.752;影响作用次之的是城市经济发展水平,关联度分别为 0.725、0.711;城市空间发展水平与用水总量、开发程度的关联度为 0.658、0.640,在四个子系统中影响作用最弱,即对 Y_1、Y_2 的影响力排序均为 $X_3 > X_2 > X_1 > X_4$。四个子系统对用水效率 Y_3 的影响作用排序则相反,为 $X_4 > X_1 > X_2 > X_3$,关联度 r 分别为 0.782、0.772、0.739 和 0.692。除城市社会发展水平外,其他三个子系统对用水效率的影响均最大,即社会发展和经济增长导致城市用水总量增加和水资源开发利用程度加大,而城市空间扩张和人口的增加较大程度影响城市用水效率。

5.2　水资源利用对城市发展的约束分析

　　新疆水资源空间分布和工农业生产布局的不匹配对区域的可持续发展产生了潜在的威胁,目前的经济规模和发展速度已经使水资源短缺成为地区经济发展的主要制约因素,水资源本底条件及其开发利用能否承载发展的需要成为亟待考虑的问题。用水总量和用水结构的优化升级为城市的社会经济发展提供支持与保障。在城镇化进程中,用水总量的增长必须依据水资源可开发量,不能无限制地增长,这使得水资源利用对城市发展造成了一定的约束作用。

5.2.1　水资源对城市发展的影响

1. 水资源压力分析

水资源短缺对地区发展的影响主要表现为对人口增长、经济发展和生态环境的压力,同时水资源短缺还受到技术因素的影响。选取人均水资源量、水资源总量折合地表径流深度、人均 GDP 和万元 GDP 用水量作为水资源压力的表征指标,分别计算乌鲁木齐市水资源的人口压力、生态压力、经济发展压力和技术压力。

1)压力模型的构建

构建水资源压力指数的计算模型。设 P_i 为区域水资源第 i 项压力指数,M_i 为水资源第 i 项指标的临界值,F_i 为水资源第 i 项指标的实际值。则第 i 项指标的水资源压力指数为

$$P_i = \frac{M_i - F_i}{M_i} \qquad (5\text{-}2)$$

由式(5-2)可知,水资源压力指数小于 1。当 $0 < P_i < 1$ 时,区域存在水资源压力,数值越大,水资源压力越大;若 $P_i \leqslant 0$,说明区域对第 i 项指标不存在水资源压力,数值越小,该指标越优越。计算的技术压力是相对压力,因此压力值可能大于 1。四种压力模型分别如下:

(1)人口压力。水资源人口压力与区域人口总量直接相关,具体表现为人均水资源量的多少,因此,水资源的人口压力指数采用人均水资源量(WA)来计算。根据世界资源研究所规定的水资源"数量压力"指数的临界标志,人均水资源量为 1000m³ 是水资源人口压力的下限(吴季松,1999)。因此,将人均水资源 1000m³ 作为水资源人口压力指数计算的临界值,有

$$P_人 = \frac{1000 - \text{WA}}{1000} \qquad (5\text{-}3)$$

(2)生态压力。生态压力指数采用水资源折合地表径流深度(WR)计算。统计分析发现,水资源折合地表径流深为 150mm 是水资源维系良好生态系统的临界值,也是水资源"空间压力"指数的临界指标(吴季松,1999)。水资源总量折合地表径流深大于 150mm 的地区,在天然状态下可以维系良好的生态系统,而小于 150mm 的地区,在天然状态下难以维系良好的生态系统,不能保持当地生态系统的稳定性,面临生态恶化的威胁。

$$P_生 = \frac{150 - \text{WR}}{150} \qquad (5\text{-}4)$$

(3)经济发展压力。经济发展压力采用人均 GDP(GA)计算。据分析,当我国人均 GDP 达到 3000 美元时,由于产业结构调整与升级,需水量大的第一产业和高耗水的第二产业比重下降,工业用水重复利用率提高,加上居民生活用水的节约,使得全社会整体用水量增加的趋势得以控制。因此,把人均 GDP 达到 3000 美元作为经济发展对水资源压力的临界值。

$$P_{经} = \frac{3000 - GA}{3000} \tag{5-5}$$

(4)技术发展压力。技术发展压力采用万元 GDP 用水量计算。由于万元 GDP 用水量是一个变值,不同国家、不同地区在不同时间的值各不相同。北京市的万元 GDP 用水量(GB)与乌鲁木齐市万元 GDP 用水量(GU)在 20 世纪 90 年代的初始值基本相同,具有一定的可比性,因此,采用北京市的万元 GDP 用水量作为技术发展压力参照值,计算乌鲁木齐市与北京市的水资源技术发展压力相对值。

$$P_{技} = \frac{GU - GB}{GB} \tag{5-6}$$

区域总的水资源压力为

$$P = \frac{\sum\limits_{j=1}^{n} P_j}{n} \tag{5-7}$$

当某项水资源压力指数小于 0 时,区域对于该项指标不存在水资源压力,所以,水资源压力指数的计算不包括数值为负的各分项压力指数值。

根据式(5-2)~式(5-7),乌鲁木齐市水资源压力的计算结果如表 5-8 和图 5-9 所示。

表 5-8 1995～2010 年乌鲁木齐市水资源压力

年份	人口压力		生态压力		经济发展压力		技术发展压力			综合压力
	WA/m³	$P_人$	WR/mm	$P_生$	GA/美元	$P_经$	GU/m³	GB/m³	$P_技$	P
1995	729.54	0.27	85.00	0.43	1243	0.59	246.82	297.67	−0.17	0.43
1996	906.41	0.09	108.21	0.28	1376	0.54	199.83	223.62	−0.11	0.30
1997	535.76	0.46	65.56	0.56	1451	0.52	133.30	194.26	−0.31	0.51
1998	716.51	0.28	89.21	0.41	1533	0.49	267.57	170.16	0.57	0.44
1999	641.06	0.36	81.81	0.45	1616	0.46	290.91	155.77	0.87	0.54
2000	620.83	0.38	81.81	0.45	1766	0.41	233.23	127.81	0.82	0.52
2001	610.49	0.39	82.61	0.45	1901	0.37	196.38	104.84	0.87	0.52
2002	582.10	0.42	81.74	0.46	2053	0.32	204.87	79.90	1.56	0.69
2003	611.57	0.39	88.63	0.41	2306	0.23	188.97	71.26	1.65	0.67
2004	521.03	0.48	77.31	0.48	2657	0.11	165.21	57.09	1.89	0.74
2005	497.30	0.50	76.81	0.49	2984	0.01	142.91	50.10	1.85	0.71
2006	510.34	0.50	81.81	0.45	3432	−0.14	145.10	43.63	2.33	1.09
2007	411.59	0.59	69.05	0.54	4047	−0.35	113.75	37.21	2.06	1.06
2008	540.98	0.46	92.62	0.38	5177	−0.73	91.62	33.47	1.74	0.86
2009	399.68	0.60	69.92	0.53	5599	−0.87	91.31	29.92	2.05	1.06
2010	386.46	0.61	68.12	0.55	6635	−1.21	81.38	25.55	2.19	1.11

2)压力指数分析

乌鲁木齐市的水资源人口压力指数和生态压力指数均为 0~1,且在波动过程中压力指数逐渐增大,呈持续上升趋势。受水资源总量的波动变化,1996 年、1997年、2007 年和 2008 年人口压力指数和生态压力指数也呈跳跃变化。1996 年水资源总量最大,达 $14.92×10^8 m^3$,导致人均水资源量和平均径流深也较大,水资源的人口压力和生态压力为历年最小,分别为 0.09 和 0.28。1997 年因水资源总量小,人口压力和生态压力较大,其中生态压力达 0.56,为历年最大,而由于人口数量增加导致人均用水量的减小,人口压力在 2010 年达最大值 0.61。

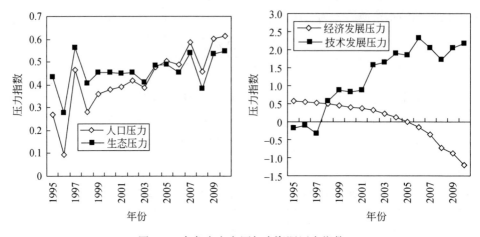

图 5-9　乌鲁木齐市历年水资源压力指数

随着社会经济的发展,地区经济总量增长迅速,人均 GDP 也逐年增加,由1995 年的 1243 美元增至 2010 年的 6635 美元,增长了 4 倍以上,2006 年后人均GDP 超过了 3000 美元。水资源经济发展压力指数持续快速下降,且下降速度有增大趋势,1995 年为 0.59,2006 年以后降为负值,2010 年下降到 -1.21,表明乌鲁木齐市水资源的经济发展压力逐渐减小,2006 年以后已不存在经济发展压力。地区生产总值的增加,使乌鲁木齐市的万元 GDP 用水量在波动中逐年减少,由 1995年的 $246.82m^3$ 降至 2010 年的 $81.38m^3$,后者不到前者的 1/3。北京市的万元 GDP用水量持续稳定减少,而乌鲁木齐市的万元 GDP 用水量呈现波动变化,减小趋势较缓,导致水资源技术发展压力指数总体呈波动上升趋势。在 1997 年以前,北京市的万元 GDP 用水量高于乌鲁木齐市,乌鲁木齐市的技术发展压力小于 0,不存在技术发展压力。1998 年开始,乌鲁木齐市的万元 GDP 用水量超过北京市,且二者的差距持续加大,乌鲁木齐市的水资源技术发展压力不断增长。

人口压力、生态压力和技术压力的持续加大,使乌鲁木齐市的水资源综合压力也呈现上升趋势,1995 年为 0.43,2006 年后由于技术发展压力的影响,水资源压力增长速度更快,综合压力超过 1,2010 年增长到 1.11(图 5-10)。从变化趋势看,乌鲁木齐市综合压力指数的变化表现为二次曲线。

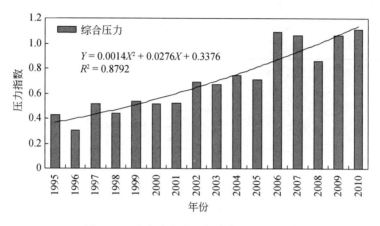

$$Y = 0.0014X^2 + 0.0276X + 0.3376$$
$$R^2 = 0.8792$$

图 5-10　乌鲁木齐市历年水资源压力指数

从水资源压力增长的原因看,除经济发展压力持续降低外,人口压力、生态压力和技术压力都持续增长。因水资源总量属于自然原因,生态压力取决于水资源条件,而人口压力的增加在更大程度上受乌鲁木齐市人口快速增长的影响,尤其关键的是,虽然乌鲁木齐市的万元 GDP 用水量大幅降低,但与先进区域的技术差距在不断增大。

2. 水资源量与城市发展

水资源压力的加大,对城市发展造成了一定的约束,其中,水资源量是影响城市发展最为重要的因素。乌鲁木齐市的水资源极为短缺,常年平均水资源为 $11.38 \times 10^8 \, \text{m}^3$,人均水资源量不足 1000m^3,且随着城市人口规模的持续增长,人均水资源量不断减少,1995 年人均水资源为 729.54m^3,2010 年为 386.46m^3,减少了 47.03%,相当于全国平均水平 2307m^3 的 16.75%。按照水利部水资源司制定的水资源紧缺指标体系(表 5-9),乌鲁木齐市人均水资源由 20 世纪 90 年代中期的中度缺水过渡到严重缺水-极度缺水状态。据此标准,乌鲁木齐市总体上为严重缺水区域,尤其是 2009 年和 2010 年,人均水资源低于 400m^3,已成为极度缺水的区域,城市发展受到较大阻碍。

表5-9　人均水资源紧缺度指标

紧缺性	人均水资源量/m³	主要问题
不缺水	>3000	—
轻度缺水	1700~3000	局部地区、个别时段出现水问题
中度缺水	1000~1700	出现周期性和规律性用水紧张
重度缺水	500~1000	持续性缺水,经济损失,人体健康受影响
极度缺水	<500	极其严重的缺水,需要调水

资料来源:中国水资源公报,1999。

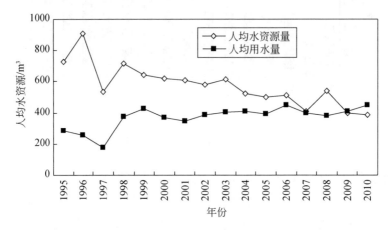

图5-11　1995~2010年乌鲁木齐人均水资源量与人均用水量

乌鲁木齐市用水总量的增长趋势明显,人均用水量也总体呈波动增长趋势,但由于人口规模的增长,1998年以后人均用水量总体在400m³左右波动,已基本与乌鲁木齐市人均水资源量持平,2009年和2010年甚至超过了人均水资源量,水资源开发利用率超过了100%(图5-11)。人均生活用水量也呈现较大波动,1995年为39.22m³,2010年为61.59m³,1999年乌鲁木齐市人均生活用水量最高,达99.46m³,1997年最低,仅33.19m³,二者相差近3倍。

为了探讨水资源量和用水情况对城市发展的影响,以人均水资源量代表城市水资源条件,以城市发展综合水平和城市综合规模代表城市发展情况,根据1995~2010年乌鲁木齐市的相关数据,绘制乌鲁木齐市水资源与城市发展的耦合散点图(图5-12),并构建相互间的关系函数(表5-10)。

由图5-12可知,水资源条件对城市发展综合水平和城市综合规模的影响关系比较类似,均表现为U字形,城市发展水平越高,人均水资源量越少。水资源的短

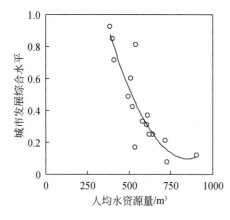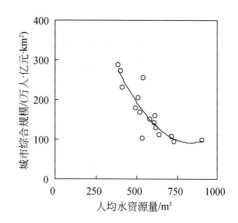

图 5-12　乌鲁木齐市水资源与城市发展的关系曲线

缺,也在很大程度上影响了城市规模的继续扩张和城市发展水平的继续提高。

表 5-10　乌鲁木齐市水资源与城市发展的拟合函数

指标	与人均水资源量(X)的关系函数	R^2	拟合曲线类型	显著程度
城市发展综合水平 Y_1	$Y_1 = 0.000004X^2 - 0.0061X + 2.7107$	0.7691	二次曲线	显著
城市综合规模 Y_2	$Y_2 = 0.0009X^2 - 1.517X + 724.21$	0.7659	二次曲线	显著

　　根据人均水资源紧缺度指标,采用城市综合规模与人均水资源量的拟合公式,求出中度缺水和重度缺水情况下对应的理论城市综合规模 (Z'),与历年乌鲁木齐市的城市综合规模(Z)进行比较,得出不同缺水程度下水资源对城市综合规模的影响值 D:

$$D = \frac{Z' - Z}{Z'} \times 100\% \tag{5-8}$$

　　D 为正值,说明城市的实际规模尚未达到该水资源条件下的理论城市规模,水资源促进城市规模向理论值发展;D 为负值则表示城市实际规模已超过该水资源条件下的理论规模,水资源不足阻碍了城市的发展;D 值的绝对值越大,表示水资源条件对城市发展的影响越强。

　　取中度缺水和重度缺水两个指标下人均水资源量的下限值 1000m³ 和 500m³,计算出中度缺水情况下的理论城市综合规模 $Z'_1 = 107.21$ 万人·亿元·km²,重度缺水情况下的理论城市综合规模 $Z'_2 = 190.71$ 万人·亿元·km²。代入式(5-8),得出 1995～2010 年乌鲁木齐市水资源对城市综合规模的影响值(图 5-13)。

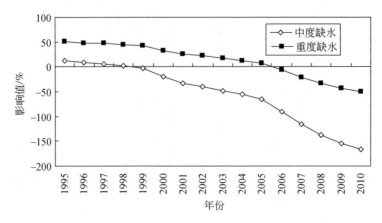

图 5-13　乌鲁木齐市不同缺水状态下水资源对城市发展的影响

在中度缺水状态下,乌鲁木齐市水资源对城市综合规模的影响由正值下降为负值,在 1995～1998 年 D 为正值,说明水资源条件促进城市规模向理论规模发展,但 D 由 12.37% 下降为 1.54%,表示水资源对城市规模发展的促进作用不断减低,1998 年乌鲁木齐市的实际城市规模几乎达到理论水平。1999 年以后,乌鲁木齐市的人均水资源已低于中度缺水状态下的人均水资源指标,城市处于中度缺水状态,D 为负值,且随着城市的发展,D 值逐年下降,由 -3.15% 下降到 -166.72%,水资源不足对城市综合规模发展的阻碍作用逐渐增大。在重度缺水状态下,1995～2005 年,D 为正值,但随着城市综合规模的发展 D 值逐渐下降,2005 年以后乌鲁木齐市已处于重度缺水状态,城市发展受水资源短缺的阻碍作用增大。

乌鲁木齐市长期处于缺水状态,社会经济的发展消耗了大量水资源,用于生态系统的水资源量大幅减少,不利于生态系统的自我恢复。1995～2010 年,乌鲁木齐市社会经济用水比例均在 50% 以上,2010 年农业、工业和生活用水比例达 96.11%,仅 3.89% 的水资源用于生态系统,这严重阻碍了社会经济与生态环境的协调发展。社会经济发展占用了生态环境用水,导致生态环境恶化,水资源短缺除了对经济和社会系统造成直接影响外,还通过生态环境系统对城市发展造成间接影响,进而对社会经济和城市发展速度产生阻碍作用。

3. 用水结构与城市发展

用水结构反映了城市的社会经济发展水平和城市整体实力,进而反映了城市发展规模与综合发展水平。农业用水比例较大,说明农业是区域的主要产业,且农业节水技术等较为落后;工业用水比重较大,说明区域的工业化程度较高,工业发展较为迅速;生活用水的比重则反映了第三产业的发展情况,是人口素质和社会文明的体现;生态用水与城市发展环境的优劣有一定关系。

根据数据统计,乌鲁木齐市的用水结构在 1995～1998 年分为农业、工业和生活用水三类,1999～2010 年分为农业、工业、生活和生态用水四类,考虑数据的一致性,也考虑生活用水和生态用水为第三产业发展的服务功能均较强,这里将用水结构分为三类,生态用水并入生活用水中。以城市综合规模作为参考系,农业用水、工业用水、生活用水为比较系列,数据均值化后,根据灰色关联理论,运用 Matlab 软件计算得出乌鲁木齐市 1995～2010 年城市综合规模与用水结构的关联系数和关联度(表 5-11)。

乌鲁木齐市城市综合规模与农业用水的关联度为 0.730,属较强关联。这表明,随着城市规模的扩大,乌鲁木齐市对农产品的需求增加,农业用水量也持续增加。1995 年乌鲁木齐市等一产业产值占 GDP 比重为 3.35%,农业用水占总用水量的 74.73%,到 2010 年,第一产业产值比重为 1.49%,农业用水比例为 64.36%,产值比重和用水比例均有所下降,而用水总量则由 $3.43 \times 10^8 \mathrm{m}^3$ 增至 7.01×10^8 m^3,增长了 1.04 倍。乌鲁木齐市的农业设施和农业科技水平较低,灌溉渠系利用系数仅 45% 左右,农业消耗了大量水资源,阻碍了城市用水结构的优化和社会经济的发展。加快农业结构调整,提高农业科技水平,大力发展农业基础设施,提高灌溉渠系利用系数,发展设施农业和都市农业,有利于水资源的合理利用,进而促进城市规模的扩大和城市发展水平的提高。

表 5-11　乌鲁木齐市城市综合规模与用水结构的灰色关联分析结果

年份	农业用水 X_1	工业用水 X_2	生活用水 X_3
1995	0.632	1.000	0.916
1996	0.697	1.000	0.889
1997	0.927	0.996	0.927
1998	0.577	0.925	0.723
1999	0.480	0.966	0.395
2000	0.693	0.861	0.464
2001	0.924	0.799	0.471
2002	0.752	0.784	0.400

续表

年份	农业用水 X_1	工业用水 X_2	生活用水 X_3
2003	0.648	0.769	0.457
2004	0.656	0.636	0.615
2005	0.711	0.604	0.663
2006	0.554	0.525	0.939
2007	0.868	0.458	0.878
2008	0.827	0.488	0.931
2009	0.742	0.338	0.964
2010	1.000	0.333	0.754
关联度 r	0.730	0.718	0.712

　　城市综合规模与工业用水之间的关联度为 0.718,属较强关联,工业用水量随城市综合规模的扩大而增加,由 1995 年的 $0.53×10^8\,m^3$ 增至 2010 年的 $1.96×10^8\,m^3$,增加了 2.7 倍。乌鲁木齐市工业以重工业为主,其中,石油、纺织、冶金、机械、电力、化学、食品及煤炭等行业为重工业的主体,2010 年重工业产值(1570.60 亿元)占工业总产值(1672.72 亿元)的 93.90%。从产品结构看,重工业产品以原盐、粗钢、钢材、原煤、水泥、原油等能源、原材料和支农产品为主,轻工业以绒线、纱、布、饮料、酒、皮鞋等初加工产品为主,这些产业的耗水量均较大。随着工业企业的发展和生产能力的增加,用水量也大幅增加。提高工业重复用水率,限制高耗水产业的继续推进,加大耗水量较少的高新技术产业的发展,有助于削弱水资源短缺对工业发展的约束作用。

　　城市综合规模与生活用水的关联度为 0.712,属于较强关联,表明城市综合规模与生活用水的发展规律基本一致。1995 年乌鲁木齐市生活用水量为 $0.63×10^8\,m^3$,2010 年增至 $1.92×10^8\,m^3$,增加了 3.05 倍,生活用水平均约占总用水量的 20%,2004 年以后生活用水总量略有下降。乌鲁木齐市的人均用水量远低于我国东部城市,生活用水所占比例不大,但增长速度较快。第三产业产值在国民经济中占有绝对比重,超过 50%,近年来该比重有所下降,但第三产业产值增长速度仍较快。第三产业中产值比重较大的交通运输、仓储与邮政、公共管理和社会组织、教育、批发与零售等行业,耗水量均较大。第三产业的快速发展,带来了水资源的较大需求,而生活用水基本被认为是第三产业耗水,未来生活用水将逐渐成为影响城市规模发展的主要因素。

5.2.2　水资源对城市发展约束强度的综合测度

理论上讲,当水资源条件较好、水资源开发利用潜力较大(水资源开发利用程度较弱)时,水资源对城市发展的约束强度较小。但实际上,水资源对城市发展的约束强度不仅仅由水资源系统的开发利用状况决定,还受到城市发展系统反馈作用的影响。城市发展水平较高,则城市对水资源约束力的抗拒能力较强,这在一定程度上减轻了水资源带来的约束作用。因此,水资源对城市发展约束强度的测度,采用城市发展综合指数 $f(U)$ 和水资源开发利用综合指数 $g(W)$ 进行计算。二者均为逆向指标,$f(U)$ 值越大,表明城市综合发展水平越高,受水资源的约束强度越弱;$g(W)$ 值越大,表明水资源开发利用潜力越大,即水资源开发利用程度越轻,其对城市发展的约束强度越小。构建约束强度模型如下(鲍超和方创琳,2008):

$$\text{WRCI} = \alpha[1 - f(U)] + \beta[1 - g(W)] \tag{5-9}$$

式中,WRCI 为水资源系统对城市发展系统的约束强度;α、β 为总体层对系统层的权重分配,$\alpha + \beta = 1$,采用熵值法与 AHP 法相结合确定权重,$\alpha = 0.26$,$\beta = 0.74$。

式(5-9)还可表示为

$$\text{WRCI} = 1 - [\alpha \times f(U) + \beta \times g(W)] \tag{5-10}$$

即城市发展综合指数 $f(U)$ 和水资源开发利用综合指数 $g(W)$ 分别反映了城市发展系统和水资源开发利用系统的健康状况,二者的加权求和能够综合反映水资源对城市发展的约束强度。城市发展水平越高,水资源开发利用潜力越大,则水资源对城市发展的约束强度越弱。如果水资源系统的恶化程度超过了城市发展状况的改善,则整个复合系统的健康状况有所恶化,即城市发展系统与水资源利用系统的矛盾越大。

求出水资源系统对城市发展系统的约束强度后,参考鲍超和方创琳(2008)的分级标准,如表 5-12 所示。

表 5-12　水资源对城市发展约束强度的分级标准

约束强度	WRCI	存在的主要问题
弱约束	<0.3	水资源短缺对城市发展进程影响很小,城市发展基本不受缺水的影响
较强约束	0.3~0.5	水资源短缺对城市发展进程影响较大,城市发展受缺水影响较大
强约束	0.5~0.7	水资源短缺对城市发展进程影响很大,对城市发展产生了重大影响
极强约束	>0.7	水资源短缺对城市发展进程影响极大,对城市发展产生极大影响

　　根据表 5-12,约束强度小于 0.3 时,城市发展对水资源带来了一定压力,但主要表现为社会经济用水对生态用水的挤占,城市发展受水资源短缺的影响较小;约束强度为 0.3~0.5 时,资源系统对城市发展速度与质量将产生直接影响;约束强度为 0.5~0.7 时,水资源系统延缓社会经济和城市发展速度的现象表现很明显;约束强度大于 0.7 时,水资源系统对城市发展的阻碍作用极强,水-生态-经济复合系统的自我恢复能力超过极限,难以自我恢复。约束强度的概念,加入了城市发展水平的影响,考虑了不同城市发展水平下的抗约束能力,因此,更能准确反映水资源系统对城市发展系统的约束作用。

　　利用乌鲁木齐市历年的城市发展综合指数和水资源开发利用综合指数,求出1995~2010 年水资源对城市发展的约束强度(图 5-14)。

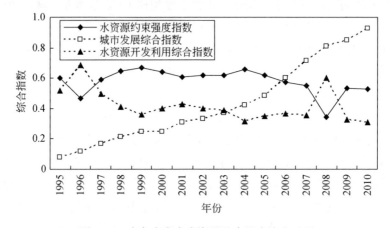

图 5-14　乌鲁木齐市水资源约束强度演变过程

　　乌鲁木齐市城市发展综合指数逐年提高,而水资源开发潜力则在波动中呈下降趋势。1995~2004 年,水资源开发潜力逐年下降,但受城市发展水平的提高,乌鲁木齐市对水资源短缺的抗约束能力有所加强,因此,水资源系统对城市发展系统的约束强度并未随水资源开发潜力的下降而上升,而是在波动中保持稳定。2005年以后,水资源开发潜力变化不大,而城市发展综合水平大幅提高,城市发展水平削弱了水资源短缺的约束作用,导致乌鲁木齐市水资源系统对城市发展系统的约束强度有所下降。总体来看,乌鲁木齐市水资源系统对城市发展系统的约束强度基本为 0.5~0.7,属于强约束,水资源短缺对城市发展速度和质量产生了重大影响。1996 年和 2008 年两个丰水年,受水资源本底条件的影响,约束强度低于 0.5,为较强约束,城市发展受水资源短缺的影响作用较其他年份稍弱。

　　根据水资源开发潜力和城市发展综合水平的评价体系,水资源开发潜力主要受水资源本底条件和利用效率的影响,城市发展综合水平主要受城市经济发展和人口增长的影响,这些因素通过影响水资源开发潜力和城市发展水平进而影响水资源系统对城市发展系统的约束强度。由于水资源总量等本底条件受人为因素影响较小,跨流域调水是增加城市水资源量的途径之一。虽然城市发展综合水平对约束强度的影响小于水资源开发潜力,但社会经济的发展和技术进步,可以影响水资源利用效率,进而削弱水资源系统对城市发展系统的约束强度。因此,提出如下减弱水资源系统对城市发展系统约束作用的途径。

　　(1)适度扩大城市规模。在水资源总量一定的情况下,根据乌鲁木齐市的水资源条件,适度扩大城市规模,通过人口和产业的集聚效应和规模效应,促进水资源的高效利用。

　　(2)提高水资源利用效率。提高农业渠系水有效利用系数,利用微灌技术逐步代替渠灌和大水漫灌,降低灌溉用水定额,促进农业种植结构调整,减少水田面积,促进农业生产方式的转变,提高劳动生产率;加大工业节水技术的研发,合理调整工业布局和产业结构,促进工业节水。

　　(3)跨流域调水。通过额尔齐斯河流域开发工程等,进行跨流域调水,在不增加农业灌溉用水量的情况下,增加生态用水,并为工业发展提供合理的用水空间。

　　(4)污水处理与利用。控制水资源污染,开发利用污水资源,建设污水回用工程,是解决水资源短缺的有效途径,同时,有利于降低企业生产成本、提高企业经济效益,是缺水城市势在必行的重大措施与决策。

第6章 乌鲁木齐城市发展与水资源利用的 多目标情景分析

水资源对城市发展的约束已成为干旱区绿洲城市健康快速发展的重要调控因子之一,科学模拟和分析城市发展与水资源利用的未来变化趋势,并预测未来水资源对城市发展的约束强度,对干旱缺水地区水资源可持续利用与城市发展模式优化具有重要意义。由于城市发展系统和水资源系统相互关系的复杂性,结合水资源-城市发展系统可持续发展评估的研究,以系统动力学仿真模型的构建为核心,以水资源系统与城市发展系统之间的相互作用反馈机制和数学关系的建立为突破口,对未来不同发展情景下水资源需求、水资源所能支撑的城市发展状况进行模拟,为典型干旱区城市发展和水资源合理利用提出建议和决策参考(鲍超和方创琳,2009)。

6.1 城市发展与水资源利用相互影响的系统仿真模型构建

6.1.1 系统动力学原理与方法

系统动力学(system dynamics)是分析研究信息反馈系统的科学,也是认识系统问题和解决系统问题交叉性、综合性的新学科。它以系统为研究对象,运用系统概念和系统思路把所研究的系统问题构造成系统动力学模型,然后借助计算机模拟技术进行定量研究。系统动力学模型内部的信息反馈机制规定了系统的行为模式,而这种模型模拟可以分析研究信息反馈结构、功能与行为之间动态的辨正统一关系。系统动力学模型是一种结构-功能模拟,根据模拟目的,除了可以对实际情况进行描述外,决策者还可以采用不同措施观察模拟结果,了解不同措施对实际情况产生的影响。系统动力学可用来建构实际系统,特别是社会、经济、生态复杂大系统的"政策实验室",也是一个"管理实验室"、"学习实验室"。

系统动力学理论突出强调系统、整体的观点和联系、发展、运动的观点。在众多定量研究方法中,系统动力学与其他分析工具最大的不同在于具备处理非线性问题、信息反馈、时间滞延、动态性复杂系统问题的能力。系统动力学模型具有如

下特点:

(1)模型由一阶微分方程组成,带有延迟函数和表函数,且将控制论中反馈回路概念引入,可以较好地解决复杂的非线性问题。

(2)处理问题直观、形象,具有政策实验和社会实验的性质,能充分发挥人的主观能动性。

(3)人-机对话功能强,便于与决策者直接进行对话。

(4)考虑了整个系统的最佳目标以及大系统中各子系统的协调,而不是追求单个子系统的最佳目标,因而适用于进行包括人口、资源、经济、社会、环境在内的综合大系统的研究(毛汉英,1991;王其藩,1994)。

系统动力学模型的这些特点为其模拟社会经济与生态环境等复杂系统的行为及未来变化趋势提供了可能。

1. 系统动力学基本原理

系统动力学模型是一种结构-功能模拟,适用于研究复杂系统的结构、功能与行为之间动态的辨证对立统一关系。系统动力学认为系统的行为模式与特性主要取决于其内部的动态结构与反馈机制,研究方法是定性与定量结合、系统综合推理,模型的主要功能在于向人们提供一个进行学习与政策分析的工具(王其藩,1994)。

1)系统的界定

系统是一个相互区别、相互作用的各部分有机联结在一起,为同一目的而完成某种功能的集合,从系统动力学角度看,系统包含物质、信息和运动三部分。系统动力学研究的范围可大可小,其种类可分天然的或人工的,社会的或工程的,经济的或政治的,心理学的、医学的或生态的。

2)反馈与反馈回路

(1)反馈。"系统"实际是"相互作用诸单元的复合体",系统中任何存在物质流的地方,必然伴随信息流的存在,也必然存在反馈。所谓反馈,是指当把控制作用信息(给定信息)作用于控制对象后,再把对象产生的反应、结果返送回来,与给定信息进行比较、判断确定其与预期结果的差距,然后按照差距采取措施,以消除或减小差距。对整个系统而言,"反馈"指系统输出与来自外部环境的输入的关系。"输出"指系统状态中能从外部直接测量的部分,"输入"指相对于子单元、子块或系统的外部环境施加于其本身的作用。反馈可以从子单元或子块或系统的输出直接联系到其相应的输入,也可以经媒介——其他单元、子块甚至其他系统实现(许光清和邹骥,2006)。

按照反馈过程的特点,反馈分为正反馈和负反馈两种。正反馈是能产生自身运动加强的过程,在此过程中运动或行为所引起的结果将回馈,使原有趋势得到加强。负反馈会自动寻求给定的目标,未达到(或者未趋近)目标时将不断作出响应。

(2)因果链。所谓因果相互关系,是指现象发生的原因和可能引起的结果。若两变量 A 与 B 之间存在因果关系,变量 A 是原因,变量 B 是可能引起的结果,则可以用箭头表示两者之间的因果关系,这种箭头称为因果链。如果变量 A 增加使变量 B 也增加,称因果关系是正极性的,反之则称为负极性。相应的因果链表示为 $A \xrightarrow{+} B$ 或 $A \xrightarrow{-} B$ 。

(3)反馈回路与反馈系统。信息反馈回路是系统动力学模型的基础,互动的反馈回路是各种系统动态的本质,封闭的回路基于信息的传递与处理,反映了人类基本的行为特性。原因产生结果,结果又产生新的原因,新的原因以反馈的形式作用到原因上产生了新的结果,如此循环可以建立原因与结果之间相互关系、相互作用的描述方式。在回路的行为特性上又分为会不断自我增强的正反馈环路和目标追寻的负反馈环路。反馈回路的正负性由因果关系链决定,当反馈回路上的因果链全部为正极性或负极性为偶数时,为正反馈回路,当负极性为奇数时,为负反馈回路。

包含反馈环节及其作用的系统即为反馈系统,其受系统本身历史行为的影响,把历史行为的结果回馈给系统本身,以影响未来的行为。分别以正负不同回路起主导作用的系统称为正反馈与负反馈系统。正反馈系统,表现出反馈回路的自增强、不稳定的特性,在实际系统中就产生的后果而言,正反馈回路可导致良性循环与恶性循环两类。负反馈系统力图缩小状态相对于目标状态(或某平衡状态)的偏离,因此,负反馈回路也可称为稳定回路、平衡回路或自校正回路。

(4)流图。流图即系统的反馈结构图。对于流图而言,元件结构要素分为变量要素与关联要素。变量要素有状态变量、决策变量、辅助变量和常数等,关联要素有物质链与信息链。而状态变量和决策变量是两个重要的元件要素。

3)模型的基本元素

系统动力学模型是按照系统动力学理论建立起来的数学模型,借助计算机进行模拟,以处理行为随时间变化的系统问题。模型不同于实际系统,是对现实系统的特性及其变化规律的一种表示或抽象,是经过适当简化的客观存在的事物与系统的模仿、代表或替代物。它描述客观事物与系统的内部结构、关系与法则。模拟的主要特点就是模仿、仿效真实的客观事物和过程。为了实现模拟,模型的结构要仿效所要模拟的客观事物的主要构成部分,经适当处理使模型显示出该客观事物或过程的基本动态行为。由于系统的非线性与复杂性,根本不可能获得解析解。求解此类系统的唯一办法就是借助数值解的模拟技术,按一定的时间间隔,去计算模型的方程式,从而获得表示系统内变量随时间变化的模拟结果,即模拟系统的动态行为。目前计算机模拟技术已广泛应用于物理科学、社会科学和经济领域中。

构成系统动力学模型的基本元素包含流与元素。流分为实体流和信息流,元素包括状态变量、决策变量与辅助变量。

(1)流。系统动力学将真实世界中的运转,用流的概念表示。在模型中流有起点、终点与中间数个不同状态的过程,起点与终点并不一定表示真实世界中的起点与终点,而是表示模型或系统的范围与边界,而中间的状态表示其由起点向终点演变、转换的重要过程。信息流表示系统中信息的流动情形,是形成决策的来源,是传递与交换其他流的信息,亦是控制其他流的流,信息的起点必定来自状态变量或外部变量,而其终点必回归至控制其他流的决策变量。

(2)状态变量。状态变量表示真实世界中可随时间变化而累积的事或物。一个状态变量可由数个决策变量来控制。决策变量可分为流入决策变量与流出决策变量,状态变量是由流入决策变量与流出决策变量之间的差值经过一段时间累积而形成,所以状态变量的数学意义即为净决策变量对时间积分的结果。当流入与流出不相等时,其状态将随着时间的推移而不断改变,形成系统动态的来源。

(3)决策变量或流率变量。决策变量是决定积量状态的控制点,表示流入或流出状态变量之流的流动速率,可将其视为单位时间内的流量。从数学意义看,状态变量对时间微分即可得到与其相连的所有决策变量的净值。决策变量表示决策行动的起点,其通过信息的收集与处理形成对某一特定流中某一状态的控制方式。

(4)辅助变量。辅助变量在模型中主要有三种含义,信息处理的过程、某些特定的环境参数值、系统的输入测试函数或数值。前两种都可视为流率变量的一部分,与流率变量共同形成某一特定目的管理控制机理,后一种则用来测试模式行为的各种不同情境。

2. 系统动力学建模步骤和方法

系统动力学解决问题是通过仿真实验以剖析系统,掌握系统各有关因素之间的变化以及对系统总体所表现的行为趋势,为改善系统、预测系统未来发展等提供决策的科学依据。按照系统动力学理论、原理与方法分析实际系统,建立定量模型与仿真模型,决策者就可借助计算机技术,在专家群体的帮助下,定性与定量研究社会、经济问题，并进行决策（王其藩，1994）。系统动力学解决问题的主要步骤可以分为 5 个：系统辨识、结构分析、模型建立、模拟分析、模型检验与评估。

（1）系统辨识。利用系统动力学原理和方法对研究对象进行系统分析，主要目的是掌握系统的整体结构以及相互关系，明确问题的中心内容。主要内容包括：调查收集有关系统的基本情况和数据资料；认识所要解决的主要问题；分析系统运行的主要问题、影响的主要因素，并确定有关变量；确定系统的边界，并确定其内生变量、外生变量和输入量；确定系统的参考模式。

（2）反馈机制与结构分析。在系统辨识的基础上，划分系统的层次与子模块，分析总体与局部的反馈机制。主要内容包括：分析系统变量间的关系、确定变量类型、定义变量（包括常数）、确定系统主回路及其性质、确定回路间的反馈耦合关系、分析反馈回路随时间变化的特性。

（3）模型建立。利用系统动力学的专用语言与工具软件（DYNAMO、STEL-LA、Powersim、Ithink、Vensim 等），建立数学的、规范的模型。本章采用 Vensim 软件进行系统动力学模型的构建。主要内容包括：建立状态变量方程（流量方程）、速率方程（流率方程）、辅助方程、常量方程和初值方程等；确定并估计有关参数；给所有的 N 方程、C 方程和表函数赋值。

（4）模拟分析。以系统动力学理论为指导，并借助已建立的模型进行模拟分析，进一步剖析系统以得到更多的信息，发现新的问题，修改模型。主要内容包括：模型的有效性检验、政策分析与模拟实验。目的是更深入的剖析系统，寻求解决问题的政策，并根据实践的结果获得更多信息，发现新的矛盾与问题；修改模型，包括修改模型结构与有关参数。系统动力学可以与其他软件结合进行仿真模拟。

（5）模型检验与评估。利用统计学方法，结合历史数据及实践资料，对模型进行检验，并做出评估分析；此步骤也可在上述步骤中分散进行。

6.1.2　模型构建的基本思路

绿洲城市系统内部结构表现为高阶次、多回路、多变量等特征，其动态行为表现出复杂系统共有的特性，传统数学方法难以揭示在自然环境和人类活动共同作用下城市发展与水资源开发利用相互作用的内部机制，也难以预测未来变化趋势，阻碍城市健康发展和水资源优化利用。系统动力学对处理高阶次、非线性复杂反馈系统具有独特优势，还可以进行长期、动态的定量分析，因此，系统动力仿真模型适用于干旱区绿洲城市发展与水资源利用的相互关系研究，也适用于多情景模拟与预测。

1. 模型构建的前提

水资源系统对城市发展系统的仿真模拟,对象是复杂的水资源-社会经济复合系统,受较多因素影响,其中包括部分不确定性因素。因此,构建的模型需设定一些前提条件,将难以确定的因素进行适当规避,以提高模型的科学性和可操作性。设定的基本前提如下(鲍超和方创琳,2009):

(1)区域可利用水资源可以确定。假设区域多年平均径流量受自然条件变化影响较小,并相对保持稳定,多年平均水资源量及其丰枯变化也相对保持稳定,水资源的调入调出量在研究期内已确定,模型不需要对区域每年的水资源可利用量及其在丰枯年的复杂变化进行模拟。若研究区已有气候条件变化下的水资源变化模拟预测模型,则可将该模型作为辅助模型与主模型对接,以进一步提高预警模型的精度。

(2)区域可利用土地资源保持不变。假设区域土地资源总量保持不变,土地荒漠化程度不再加剧,不存在开荒和弃耕,可利用土地资源相对稳定。在供地总量不变的情况下,农业用水由用地结构影响,主要通过用地结构的优化调整和灌溉用水效率的提高等措施来增加区域的农业退水。

(3)节水技术改进速度稳定。假设区域的农业、工业及生活节水技术匀速稳步改进,各种用水定额是连续光滑曲线而非阶梯式递进,可以在模型中用表函数表达。技术改进的速度与时间高度相关,即应采取有效措施保证先进节水技术在区域内迅速推广普及。

(4)城市水平根据设定情景发展。假设区域的城市发展进程遵循所设定的情景。发展情景的设定,综合了多种可能影响的因素,既要考虑区域实际情况,又要考虑未来发展环境,针对区域未来不同发展方向选择发展模式。

2. 模型构建的基本思路

系统动力学方法建模,是从系统内部元素和结构入手,建立数学模型。它不仅把系统因果关系的逻辑分析与反馈控制原理相结合,充分发挥人机对话的优势(文俊等,2006),而且能够动态跟踪和不受线性约束,不追求最优解,而是以现实存在为前提,通过改变系统的参数和结构,测试各种战略方针、技术、经济措施和政策的后效应,寻求改善系统行为的机会和途径(金菊良等,2004)。根据系统动力学模型的这一特点,以它作为主模型,以多目标决策模型、灰色预测模型、经济计量模型、多元统计回归模型、人工神经网络模型及各种曲线估计模型等为辅助模型,通过主模型与辅助模型的对接,建立系统仿真模型,然后运用该模型对反映水资源与城市发展系统状况的各项指标进行情景模拟(图 6-1)。具体思路为:

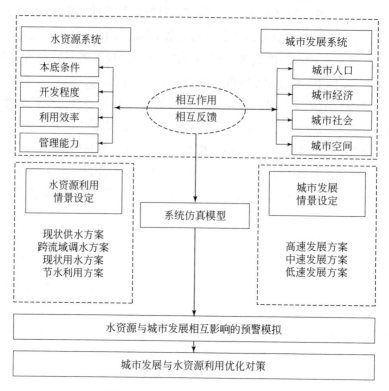

图 6-1　系统仿真模型的构建思路

(1)以水资源-城市发展复合系统及不同子系统之间的相互作用反馈机制作为系统仿真模型建立的理论基础。通过分析水资源系统、城市发展系统及与其关系密切的生态环境指标之间相互作用机理,将主要遵循人文规律的城市发展系统和主要遵循自然规律的水资源系统从数学逻辑上进行耦合和集成。

(2)以水资源-城市发展复合系统各影响因子的模拟预测模型作为建立系统仿真模型的技术支撑。主要模拟预测模型包括水资源模型、人口增长模型、经济增长模型、城市空间扩展模型、生态环境演变模型等。这些模型的复杂或简化程度可根据研究需要的精度进行取舍,而且可根据模拟变量的特性及资料获取情况选取不同模拟方法,对确实难以量化的影响因子,应采用定性与定量相结合的方法对其分阶段赋值。

(3)以系统动力学模型作为对接各模拟预测模型的平台。通过系统动力学模型的仿真平台,将水资源-城市复合系统各影响因子的预测模型联系起来,建立起水资源系统和城市发展系统及其各影响因子之间的数学关系,从而实现水资源系统和城市发展系统的联动调控。

(4)以水资源合理利用和城市较快发展的可持续发展模式与对策作为模型建立的主要目标。通过不同发展情景下系统仿真模拟方案的综合分析和选择,寻找能够促进城市系统与水资源系统协调发展的优化方案,在生态环境代价最小的情况下,力求获得最大的社会经济效益。

6.1.3　模型构建与变量描述

根据系统仿真模型构建的前提条件及基本思路,将区域水资源-城市发展复合系统划分为水资源系统和城市发展系统。其中,水资源系统包括供水、用水、水资源利用综合指数等模块,城市发展系统包括人口、经济和城市发展综合指数等模块。根据城市发展进程中的水资源约束理论与机制,绘制系统仿真模型的因果反馈流程图。将各子模块中各变量之间的关系运用各种方程分别给出定量描述,这些方程主要包括水平方程(L)、辅助方程(A)、速率方程(R)、初值方程(N)、表量方程(T)等(王其藩,1995)。其中,水平方程是可变积分方程,描述水平变量随时间的非线性关系;其他方程是描述辅助变量、速率变量等的关系式,可以通过其他辅助模型得出。

1. 水资源系统

水资源是绿洲社会经济发展的重要制约因素,水资源系统的健康状况或开发利用情况是反映水资源支撑能力的重要指标。本模型将水资源系统划分为供水子系统、用水子系统和水资源利用综合指数子系统,以对水资源系统中的水资源供给、水资源需求及水资源开发利用潜力等指标进行模拟预测(图 6-2)。

1)水资源供需差额

水资源供需差额(SZYGXC)由供水总量(GSZL)和用水总量(YSZL)决定。当供水总量小于用水总量时,供需差额为负,表示当年出现水资源短缺;反之则为水资源供给有盈余。模拟方程为

A　SZYGXC. K=GSZL. K−YSZL. K

2)供水子系统

水资源供给量由水资源本底条件与开发利用率共同决定,主要包括地表水供给量(DBSGJL)、地下水供给量(DXSGJL)、外调水量(WDSL)和污水回用量

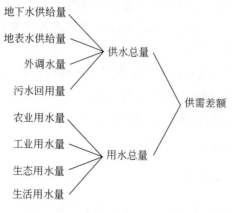

图 6-2　水资源系统

（WSHYL）。模型假设地表水资源总量（DBSZYL）与地下水资源总量（DXSZYL）相对保持稳定,均采用 1995～2010 年平均值,供给量分别取决于地表水供给率（DBSGJR）和地下水供给率（DXSGJR）。假定地表水供给率在 2030 年达到 75％,且 2010～2030 年地表水供给率匀速增长,模型中以表函数形式给出;为保障区域的生态环境,设定地下水供给率保持在 50％的水平;污水回用量取 2000～2010 年平均值;外调水量根据不同情景进行设定。若供水总量小于用水总量,水资源供需差额为负,不足的水资源将通过增加地下水资源开发量来补给,即形成地下水额外开采量（DXSEWKCL）,其与地下水资源总量的比值,为地下水额外开采率（DX-SEWKCR）。地下水开采率（DXSKCR）为地下水供给率和地下水额外开采率之和。

主要模拟方程为

A　GSZL. K＝DBSGJL. K＋DXSGJL. K＋WDSLK＋WSHYL. K

A　DBSGJL. K＝DBSZYL. K×DBSGJR. K

A　DXSGJL. K＝DXSZYL. K×DXSGJR. K

C　DBSZYL. K＝DBSZYL

C　DXSZYL. K＝DXSZYL

A　DXSEWKCL. K＝SZYGXC. K

A　DXSEWKCR. K＝DXSEWKCL. K/DXSZYL. K

A　DXSKCR. K＝DXSGJR. K＋DXSEWKCR. K

3）用水子系统

水资源利用模块主要模拟城市发展系统变化带来的水资源利用变化,从系统结构入手,分析人口、经济等发展带来的用水变化情况。模型将用水子系统划分为生活用水(SHYS)、农业用水(NYYS)、工业用水(GYYS)和生态用水(STYS)四个模块,用方程表示为:

A　YSZL. K=SHYS. K+NYYS. K+GYYS. K+STYS. K

(1)生活用水。

生活用水(SHYS)根据城镇居民用水定额(CZYSDE)和农村居民用水定额(NCYSDE)的不同而分为城镇生活用水(CZSHYS)和农村生活用水(NCSHYS),二者又通过城镇人口(CZRK)、农村人口(NCRK)与人口发展模块相关联(图 6-3)。由于乌鲁木齐市农村人口较少,农村居民用水定额小于城镇居民用水定额,因此,这里不考虑其变化的影响,农村居民用水定额采用 2010 年值,在模型中用常数给出。乌鲁木齐市拟立法引入居民生活用水定额管理,并推行阶梯式水价,在不影响经济发展和生活质量的前提下,实现合理、高效用水。考虑生活质量的提高带来的用水定额增加,以及管理和节水技术进步使用水定额的增长趋势变缓,在模型中,城镇居民用水定额以 1995～2010 年平均值为基础,以 1% 的速度递减,以表函数给出。

主要模拟方程为

A　SHYS. K=CZSHYS. K+NCSHYS. K

A　CZSHYS. K=CZRK. K×CZYSDE. K

A　NCSHYS. K=NCRK. K×NCYSDE. K

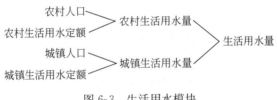

图 6-3　生活用水模块

(2)农业用水。

农业用水(NYYS)主要包括灌溉用水(GGYS)、林地用水(LDYS)、草地用水(CDYS)和牲畜用水(SCYS)。由于模型主要考虑农业和工业用水,为简化模型,同时考虑生态环境保护的需要,假定林地灌溉面积、草地灌溉面积和林地灌溉定额、草地灌溉定额均不变,即林地用水、草地用水保持不变,农业用水的变化主要是灌溉用水和牲畜用水的变化(图 6-4)。

根据新疆水资源综合规划(2010)中的数据,确定草地灌溉定额为 2850m³/

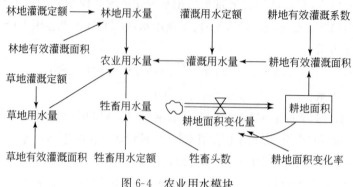

图 6-4　农业用水模块

hm^2,草地有效灌溉面积按 $2.68 \times 10^3 hm^2$ 计算;林地灌溉定额为 $4350m^3/hm^2$,林地有效灌溉面积按 $5.59 \times 10^3 hm^2$ 计算。牲畜需水(SCXS)用牲畜头数(SCTS)与牲畜用水定额(SCYSDE)的乘积表示,牲畜用水定额取固定值 8L/d,牲畜头数以 $2001 \sim 2010$ 年数据为基础折算为标准畜,采用对数模型进行模拟,在模型中以表函数给出。灌溉用水(GGYS)用耕地有效灌溉面积(YXGGMJ)与灌溉用水定额(GGYSDE)的乘积表示,有效灌溉面积是有效耕灌系数(YXGGXS)与耕地面积(GDMJ)的乘积,耕地有效灌溉系数和耕地面积变化率均取 $1995 \sim 2010$ 年平均值。根据全疆农村水利工作会议,农业灌溉用水将实行总量控制、定额管理,这将导致灌溉用水定额的逐年下降。模型中,灌溉用水定额以 $1995 \sim 2010$ 年平均值为基础,由灌溉用水定额平均变化量决定,根据不同情景进行设置。

主要模拟方程为

A　NYYS.K=GGYS.K+LDYS.K+CDYS.K+SCYS.K

A　GGYS.K=YXGGMJ.K×GGYSDE.K

A　YXGGMJ.K=GDMJ.K×YXGGXS.K

L　GDMJ.K=GDMJ.J+GDBHMJ.JK

A　GDBHMJ.JK=GDMJ.J×GDMJBR.JK

N　GDMJ=GDMJI

A　LDYS.K=YXLGMJ.K×LDGGDE.K

C　YXLGMJ.K= YXLGMJ

C　LDGGDE.K=LDGGDE

A　CDYS.K=YXCGMJ.K×CDGGDE.K

C　YXCGMJ. K＝ YXCGMJ

C　CDGGDE. K＝CDGGDE

A　SCYS. K＝SCTS. K×SCYSDE. K

C　SCYSDE. K＝SCYSDE

A　SCTS. K＝25.741Ln(TIME. K－2000)＋77.031

（3）工业用水。

工业用水（GYYS）随工业规模的变化或部门的调整而变化。受资料限制，模型不对工业进行细分，主要根据工业总产值（GYZCZ）与万元工业产值用水量（WYGYYS）来预测工业用水。因技术进步导致万元工业产值用水连续变化，基于 2001～2010 年数据，采用指数函数进行模拟，模拟方程为 $Y=138.94(X-2000)^{-0.4032}(R^2=0.668)$，$X$ 为年份，Y 为对应的万元工业产值用水量，模型中用表函数给出；工业总产值在经济模块中进行预测。相关数据表明，目前美国与日本的万元工业产值用水量为 6～8m^3，模拟结果 2030 年乌鲁木齐市万元工业产值用水量为 35.26m^3（1978 年可比价），折算为当年价与美国和日本水平相当，虽然模拟方程的相关系数较低，但预测值在技术上是可行的。

A　GYYS. K＝GYZCZ. K×WYGYYS. K

（4）生态用水。

为保障生态环境，生态用水比重应该逐渐提高。因此，生态用水量以 1999～2010 年数据为基础，利用指数函数进行模拟，模拟方程为 $Y=0.1746e^{0.0698(X-1998)}$，$X$ 为年份，Y 为对应的生态用水量，在模型中以表函数给出。

4）水资源利用综合指数子系统

为考察未来城市发展系统对水资源利用潜力的影响，在模型中加入水资源利用综合指数子系统，各指标采用第 4 章构建的指标体系，包括本底条件、开发程度、利用效率和管理能力四个子模块（图 6-5），模拟结果主要将各年份指标与 2010 年进行比较，反映未来水资源利用情况相对 2010 年的变化。各指标的计算方法与第 4 章相同，这里不再一一阐述。需要说明的是，管理能力模块中，全社会供水综合能力、城市生活污水处理率、工业废水排放达标率不进行预测，直接采用 2010 年指标值。综合指标计算中，水资源总量和地下水资源比例取 1995～2010 年平均值，水资源利用率的计算，只考虑本地的水资源，不考虑外调水情况，但要计算地下水额外开采量。

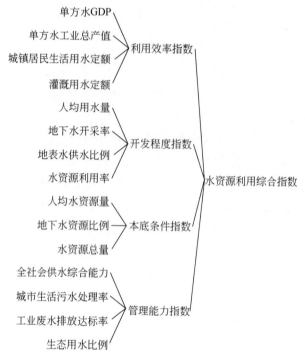

图 6-5　水资源利用综合指数模块

2. 城市发展系统

城市发展系统受水资源条件约束,同时也具有适应和调控水资源约束与压力的能动作用。模型通过对人口发展与经济发展子模块未来变化过程的情景模拟,预测不同城市发展方案对应的水资源利用方案,从而对水资源利用进行有效调控。

1)人口模块

人口发展模块(图 6-6)主要模拟人口增长及结构变化的过程,通过生活用水的变化与水资源系统相关联,并影响城市发展综合指数模块。本模型采用总人口(ZRK)、城镇人口(CZRK)、农村人口(NCRK)等反映人口发展的动态变化。为简化模型,不分别考虑人口的出生、死亡、迁入、迁出等情况,采用人口自然增长率(RKZZR)指标影响人口增长,进而影响总人口的变化,人口自然增长率根据不同的社会经济发展情景进行设定。假定到 2030 年,城镇人口比重(CZRKBZ)达98%,且在此期间该比重匀速增加,各年的城镇人口比重在模型中用表函数给出。城镇人口由总人口和城镇人口比重决定,农村人口是总人口和城镇人口之差。

图 6-6　人口模块

主要模拟方程为

L　ZRK. K＝ZRK. J＋ZJRK. JK

N　ZRK＝ZRKI

A　ZJRK. JK＝ZRK. J×RKZZR. K

A　CZRK. K ＝ZRK. K×CZRKBZ. K

A　NCRK. K＝ZRK. K－CZRK. K

2)经济模块

经济发展模块(图 6-7)主要模拟第一、第二、第三产业及工业发展的变化过程,通过对三次产业增长速度的调控,实现经济发展过程的情景模拟,并将产业结构与用水结构关联,以实现经济发展变化所引起的需水总量和用水结构变化过程的情景模拟。

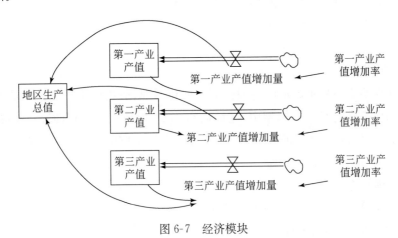

图 6-7　经济模块

以 2010 年数据为基础,第一产业产值(DYCYCZ)通过第一产业产值增加量(YCCZZL)和第一产业产值增加率(YCCZZR)来模拟,第二产业产值(DECYCZ)通过第二产业产值增加量(ECCZZL)和第二产业产值增加率(ECCZZR)来模拟,第三产业产值(DSCYCZ)通过第三产业产值增加量(SCCZZL)和第三产业产值增加率(SCCZZR)来模拟,工业总产值(GYCZCZ)通过工业产值增加量(GYCZZL)和工业产值增加率(GYCZZR)来模拟。通过模拟三次产业的变化,可以进一步求出地区生产总值(GDP)的变化。第一产业产值增加率、第二产业产值增加率、第三产业产值增加率和工业产值增加率均根据不同情景进行设定。

主要模拟方程为

L　DYCYCZ. K＝DYCYCZ. J＋YCCZZL. JK

N　DYCYCZ＝DYCYCZI

A　YCCZZL. JK＝DYCYCZ. J×YCCZZR. JK

L　DECYCZ. K＝DECYCZ. J＋ECCZZL. JK

N　DECYCZ＝DECYCZI

A　ECCZZL. JK＝DECYCZ. J×ECCZZR. JK

L　DSCYCZ. K＝DSCYCZ. J＋SCCZZL. JK

N　DSCYCZ＝DSCYCZI

A　SCCZZL. JK＝DSCYCZ. J×SCCZZR. JK

L　GDP. K＝GDP. J＋YCCZZL. JK＋ECCZZL. JK＋SCCZZL. JK

N　GDP＝GDPI

L　GYZCZ. K＝GYZCZ. J＋GYCZZL. JK

N　GYZCZ＝GYZCZI

A　GYCZZL. JK＝GYZCZ. J×GYCZZR. JK

3)用地模块

用地模块主要模拟区域的建成区面积变化情况,分析城市空间的扩张及其对水资源利用带来的影响。模型中,区域面积不变,建成区面积(JCQMJ)由建成区面积增加量(JCQMJZL)和建成区面积增加率(JCQMJZR)进行模拟。建成区面积增加率根据不同情景进行设定。

主要模拟方程为

L　JCQMJ. K＝JCQMJ. J＋JCQMJZL. JK

N　JCQMJ＝JCQMJI

A　JCQMJZL. JK＝JCQMJ. J×JCQMJZR. JK

4)城市综合指数模块

城市综合指数模块采用城市发展-水资源综合评估的思路,从城市人口、城市经济、城市社会和城市空间四个方面对未来城市发展综合状态进行分析(图6-8)。

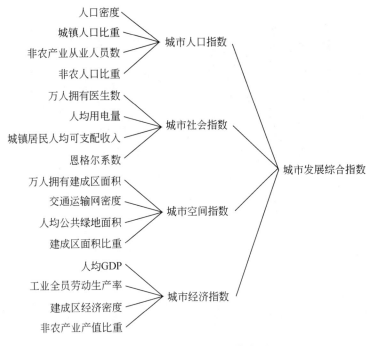

图 6-8　城市综合指数模块

本部分所涉及数据主要依据以上模型和相关规划等资料进行计算。需要说明的是,非农产业从业人员数、非农人口比重、工业全员劳动生产率、恩格尔系数、万人拥有医生数、人均用电量、人均公共绿地面积、交通运输网密度等指标,预测考虑的因素较多,为简化模型,在模型中不进行预测,直接采用 2010 年指标值。城镇居民可支配收入与人均 GDP 关系明显,采用线性函数进行模拟,模拟方程为 $Y = 1.2902X + 1004.8(R^2 = 0.9718)$, X 为人均 GDP, Y 为对应的城镇居民可支配收入。

3. 模型总体设计

借助调控变量,使用 Vensim 软件进行试验调控,对系统在各种参数及参数组合值下运行仿真,观察并分析系统响应,并对系统结构和参数进行调试,最终生成较为真实的模拟城市-水资源系统发展状态的动力学模型(图 6-9)。

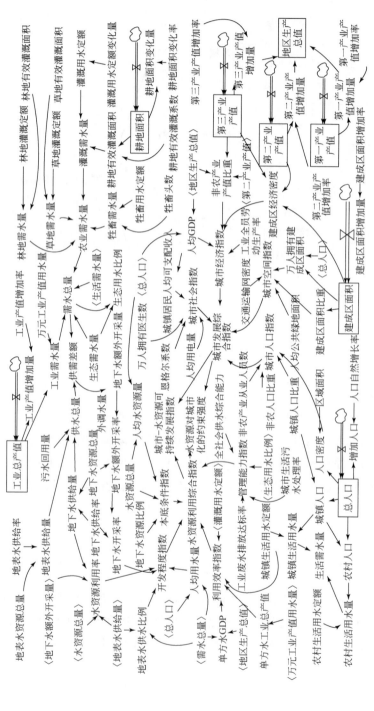

图6-9 系统动力学因果反馈流程图

4. 模型检验与评估

任何模型都不可能与实际系统完全相同。因此,模型模拟所得结论的可靠性和有效性,必须通过对模型的信度研究和测试来检验。系统动力学模型的检验过程可以分为模型结构与模型结构的适用性及二者与实际系统的一致性检验。具体包括直观检验、运行检验和历史检验。

1)模型直观检验

模型的直观检验,是建模者根据所掌握知识和有关信息对模型变量、因果关系和动力学方程的正确性作出判断,考察模型结构与实际系统是否接近,模型中的状态变量、速率变量和反馈结构是否拟合了实际系统的主要特性,模型的参数是否具有实际意义等。最常用的直观检验方法是量纲的一致性检验,模型各参数的单位量纲均通过检验。

2)模型运行检验

借助 Vensim 软件所提供的编译检错和跟踪功能,通过模型运行来检验模型表达的正确性。模型若能顺利运行,说明在程序格式、逻辑和表达方面不存在错误。如果存在程序表达错误,模型在运行过程中会不断出现出错提示,直到修正为止。本模型经过反复调试,运行状况良好,不存在模型表达的错误。

3)模型可靠性检验

模型选择的变量基本包括能够表征城市发展和水资源利用水平的各项指标,将模型的模拟结果与实际情况进行对比,以判断其可靠性和准确性。检验结果显示,主要变量的仿真结果与历史资料基本吻合,大部分变量模拟值和统计值的误差控制在 5% 以内,且数值的波动与统计值拟合较好,说明模型具有较高的可靠性。通过变化模型参数值,发现参数的变化对模型行为影响很小,说明建立的模型是一个灵敏度较低的有效模型,可以利用该模型,选择合理的控制参量对系统进行调控实验,模拟真实系统在不同决策影响下的动态响应。

4)模型灵敏度检验

真实系统的复杂性使构建模型时很难得到所有变量的准确数据。为尽量减少估算误差,对模型进行灵敏度分析。系统动力学的基本假设为,系统的行为模式由其内部反馈结构来决定,因此,模型参数变化不应对系统行为模式产生质的改变,即一个较好的模型应具有较低的行为灵敏度与政策灵敏度(王其藩,1994)。模型检验结果说明本章构建的系统动力学模型符合有效性和灵敏度要求,可以进行系统仿真和政策分析。

6.2　城市发展与水资源利用的多目标情景仿真分析

利用系统动力学模型进行模拟时,不同参数将得到预测对象的不同状态。由于水资源系统和城市发展系统之间复杂的反馈作用,不同的城市发展情景下对应着不同的水资源开发利用方案,采取的提高用水效率的措施不一样,也可能导致水资源开发利用程度不同,从而导致预警结果的差异。因此,预警系统的功能,除了能预测未来一定时期内水资源和城市系统的发展态势之外,还能基于系统输出结果,提出能够有效调控水资源约束强度的方案,从而规范人们的行为,在不破坏水资源和生态环境系统的条件下,促进城市系统健康发展。

6.2.1　城市发展与水资源利用的不同情景设置

基于乌鲁木齐市社会经济发展、水资源开发利用等情况的综合分析,通过对水资源开发利用和社会经济发展情景的设定,回答以下两个关键问题:

(1)按目前社会经济发展速度,未来乌鲁木齐市的水资源需求有多大,可供应水资源量与水资源需求的差距是多少。

(2)现有水资源条件对乌鲁木齐市社会经济发展的支撑能力有多大,即社会经济发展的适合速度。

因此,设置不同的城市发展情景和水资源开发利用方案,探讨社会经济发展速度不同带来的水资源供需差异,及不同水资源开发利用方案所能支撑的社会经济发展速度,进而分析不同情景下水资源对城市发展的约束强度。

1. 城市发展的情景设置

根据控制参量的调控原则和水资源对城市发展约束强度的情景预测模型的因果反馈流程,将具有能动调控作用的 6 个参量作为控制参量,并根据区域的历史和现实情况、未来发展环境以及城市发展模式选择等进行初步实验调控,以对乌鲁木齐市城市发展情景进行高、中、低三种发展方案设定(表 6-1)。

人口增长受多种因素影响,城市自然条件决定了未来乌鲁木齐市人口增长的减缓。根据 2011 年新疆乌鲁木齐市人口计生工作会议,"十二五"时期乌鲁木齐市人口出生率将控制在 10‰以内,人口自然增长率控制在 7‰以内(李晓玲,2011)。因此,取 1995～2010 年平均增长率 28.0‰为高速发展情景下的人口增长率,14.0‰和 7.0‰分别为中速和低速发展情景下的人口增长率。

表 6-1　乌鲁木齐市 2010~2030 年城市发展情景设定

发展方案	人口增长率/‰	第一产业产值增长速度/%	第二产业产值增长速度/%	第三产业产值增长速度/%	工业产值增长速度/%	建成区面积扩张速度/%
低	7.0	5.26	8.08	6.04	8.50	0.59
中	14.0	5.26	12.39	10.43	12.71	0.88
高	28.0	5.26	19.00	18.00	19.00	1.18

1995~2010 年,第一、第二、第三产业产值年均增长率和工业总产值年均增长率分别为 5.26%、12.39%、10.43% 和 12.71%,将历年平均增速作为乌鲁木齐城市发展的中速情景。根据《乌鲁木齐市十二五规划纲要》,到 2015 年乌鲁木齐市地区生产总值达 3500 亿元,按可比价计算年均增长 18%,工业增加值年均增长 19%,服务业增加值年均增长 18%。以此为标准,设定高速发展情景下的第二、第三产业产值和工业总产值的增长速度分别为 19%、18% 和 19%,因乌鲁木齐市第一产业在国民经济中占较小份额,其增速保持 5.26%。假设中速情景的发展速度为高、低情景发展速度的中位数,则低速情景的第一、第二、第三产业产值年均增长率和工业总产值年均增长率分别为 5.26%、8.08%、6.04% 和 8.50%。受区域面积和空间发展格局的限制,乌鲁木齐市城市用地不会快速扩张,因此取 2010 年相对 2009 年的建成区面积增速 1.18% 为高速发展情景,该增速的 3/4 和 1/2 分别为中速和低速发展情景下的增速。

2. 水资源利用的情景设置

根据控制参量的调控原则和水资源对城市发展约束强度的情景预测模型的因果反馈流程,设定了三种水资源开发利用方案的情景,包括现状水资源利用方案、跨流域调水方案和节水利用方案。三种方案中,均假定地表水供给率在 2030 年达到 75%,且 2010~2030 年地表水供给率匀速增长;为保障区域的生态环境,地下水供给率维持在 50% 不变。不同方案的工业重复用水率、外调水量、灌溉用水定额变化量有差异。

跨流域调水方案中,万元工业产值用水量与现状方案相同;跨流域调水能力逐渐增强,调水量以每年 $2000 \times 10^4 \text{m}^3$ 的速度匀速增加,到 2030 年调水量达 $4 \times 10^8 \text{m}^3$;灌溉用水定额以 $50 \text{m}^3/\text{hm}^2$ 的速度逐年递减。现状用水方案中,工业重复用水率保持 2010 年水平,万元工业产值用水量采用方程 $Y = 138.94(X - 2000)^{-0.4032}$ 模拟求得;不存在区域间的水资源调入调出,区域的水资源均用于本区域的社会经济发展;考虑农业节水技术的进步,灌溉用水定额以 50m³/hm² 的速度逐年递减。节水利用方案中,加大工业和农业的节水利用力度,工业重复用水率有所提高。根据相关资料,成都市、张家口市 2010 年工业重复用水率达 75%,承德市工业重复用水率达 85%。考虑乌鲁木齐市工业发展情况,假定其工业重复用水率由 2010 年的 70% 匀速提高到 2030 年的 85%,表现为万元工业产值用水量的减小,现状用水方案到 2030 年为 35.26m³/万元,节水方案中为 29.04m³/万元。灌溉用水定额的降幅也有所加大,以 100m³/hm² 的速度逐年递减;不存在区域间的水资源调入调出。

6.2.2　城市发展水平与水资源利用潜力的情景仿真

根据不同的城市发展速度和水资源开发利用方案进行情景组合,得到 12 种情景。在模型中进行模拟,分析不同情景下乌鲁木齐市经济发展水平与水资源利用状况。

1. 城市发展水平的情景模拟

以 2010 年为现状基础年,在系统动力学模型中对高、中、低三种发展方案进行仿真模拟,得到不同发展方案下的城市社会经济指标的模拟值(表 6-2)。因原始经济数据采用 1978 年可比价,经济数据的模拟值也为可比价。

表 6-2　主要城市发展指标的情景仿真结果

年份	方案	总人口/万人	城镇人口/万人	GDP/亿元	三次产业结构/(%:%:%)	工业总产值/亿元	建成区面积/km²
2010	现状	243.03	234.71	303.76	1.49:44.86:53.65	391.36	343
2015	高	279.01	270.45	703.95	0.83:46.20:52.97	933.9	363.72
	中	260.53	252.53	517.75	1.13:47.19:51.69	711.7	358.36
	低	251.66	243.94	425.25	1.38:47.24:51.38	588.4	353.24
2020	高	320.33	311.64	1636.46	0.46:47.41:52.12	2229	385.69
	中	279.28	271.71	884.96	0.85:49.49:49.66	1294	374.41
	低	260.59	253.52	596.76	1.27:49.63:49.10	884.7	363.78
2025	高	367.75	359.09	3812.77	0.26:48.57:51.17	5318	408.99
	中	299.39	292.33	1516.77	0.64:51.78:47.57	2354	391.17
	低	269.84	263.48	839.37	1.16:52.04:46.80	1330	374.64
2030	高	422.21	413.76	8895.62	0.14:49.68:50.18	12691	433.7
	中	320.94	314.52	2605.62	0.48:54.04:45.48	4281	408.69
	低	279.42	273.83	1183.42	1.07:54.43:44.51	2000	385.82

根据第 4 章的城市发展综合测度评价指标体系,乌鲁木齐市的城市发展综合水平受城市人口、城市经济、城市社会和城市空间等子系统 16 项指标的影响。在进行系统仿真模拟时,部分变量难以进行预测,为简化模型而使其采用 2010 年值不变。在指标归一化过程中,为使数据具有可比性,将不同情景下的数据进行统一的归一化处理。由于归一化方法不同,所得的历史年份评价结果与第 4 章有差异,但变化趋势保持不变。在不同的城市发展速度下,乌鲁木齐市主要年份城市发展各子系统和综合指标的模拟结果如表 6-3 所示。

表 6-3　不同情景下的城市发展综合水平模拟

年份	发展方案	城市发展综合水平	城市人口	城市经济	城市社会	城市空间
2010	现状	0.5637	0.2434	0.1094	0.0433	0.1677
2015	高	0.6030	0.2509	0.1380	0.0468	0.1673
	中	0.5884	0.2483	0.1253	0.0453	0.1694
	低	0.5778	0.2471	0.1166	0.0445	0.1695
2020	高	0.6569	0.2592	0.1761	0.0541	0.1675
	中	0.6182	0.2535	0.1447	0.0487	0.1714
	低	0.5942	0.2507	0.1257	0.0462	0.1715
2025	高	0.7486	0.2685	0.2429	0.0688	0.1684
	中	0.6569	0.2586	0.1708	0.0540	0.1734
	低	0.6138	0.2545	0.1372	0.0485	0.1736
2030	高	0.9226	0.2786	0.3754	0.0989	0.1699
	中	0.7115	0.2642	0.2093	0.0625	0.1755
	低	0.6374	0.2583	0.1518	0.0516	0.1756

1)高速发展情景

在城市高速发展方案中,乌鲁木齐市总人口由 2010 年的 243.03 万人增加到 2030 年的 422.21 万人(图 6-10),年均增长 28.0‰,城镇人口由 2010 年的 234.71 万人增加到 2030 年的 413.76 万人,年均增长 28.75‰。地区生产总值由 2010 年的 303.76 亿元增加到 2030 年的 8895.62 亿元,年均增长 18.39%,增长了 28.28 倍(图 6-11);其中,第一产业产值由 4.53 亿元增至 12.62 亿元,增长了 1.79 倍,第二产业产值由 136.25 亿元增至 4419 亿元,增长了 31.42 倍,第三产业产值由 162.98 亿元增至 4464 亿元,增长了 26.39 倍;三次产业结构由 2010 年的 1.49:

44.86∶53.65 变为 2030 年的 0.14∶49.68∶50.18,第一产业比重下降 1.35%,第二产业比重上升 4.81%,第三产业比重降低 3.47%;工业总产值由 2010 年的 391.36 亿元增加到 2030 年的 12691 亿元,年均增长 19.00%。建成区面积由 2010 年的 343km² 增加到 2030 年的 433.7km²。

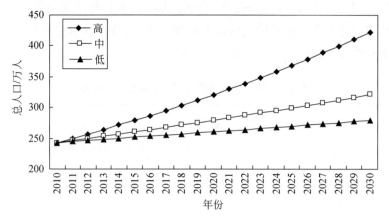

图 6-10　不同情景下的乌鲁木齐市人口增长模拟

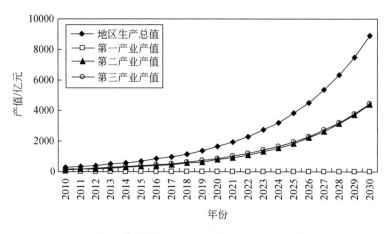

图 6-11　高情景下的乌鲁木齐市 GDP 增长模拟

在城市高速发展情景下,乌鲁木齐市的城市发展综合指数由 2010 年的 0.5637 上升到 2030 年的 0.9226,年均增加 0.0179。人口和经济的快速增长,使人口密度、人均 GDP 和城镇居民可支配收入的增长幅度较大,使城市人口指数、城市经济指数、城市社会指数分别由 2010 年的 0.2434、0.1094 和 0.0443 上升到 2030 年的 0.2786、0.3754 和 0.0989,年均分别增加 0.0018、0.0133、0.0028,尤其是城市经济指数增长迅速。建成区面积的扩张导致建成区面积比重增加,但由于人口增长速度快于建成区面积的扩张,万人拥有建成区面积反而有所下降,导致城市空间指数的变化较小(图6-12)。

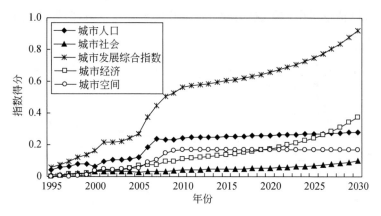

图 6-12　高情景下的乌鲁木齐市城市发展水平模拟

2)中速发展情景

在城市中速发展方案中,乌鲁木齐市 2030 年总人口增加到 320.94 万人,年均增长 14.0‰,城镇人口增加到 314.52 万人,年均增长 14.74‰。地区生产总值增加到 2605.62 亿元,年均增长 11.34%(图 6-13),其中,第一产业产值增至 12.62亿元,增长了 1.79 倍,第二产业产值增至 1408 亿元,增长了 9.33 倍,第三产业产值增至 1185 亿元,增长了 6.27 倍;三次产业结构变为 0.48:54.04:45.48,第一产业比重下降 1.01%,第二产业比重上升 9.18%,第三产业比重降低 8.17%;工业总产值增加到 4281 亿元,年均增长 12.71%,建成区面积增加到 408.69km²。

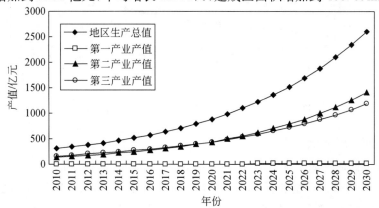

图 6-13　中情景下的乌鲁木齐市 GDP 增长模拟

在城市中速发展情景下,2030 年乌鲁木齐市城市发展综合指数上升到 0.7115,年均增加 0.0074(图 6-14)。其中,城市人口指数、城市经济指数、城市社会指数和城市空间指数分别上升到 2030 年的 0.2642、0.2093、0.0625 和 0.1755。人口增速较高情景缓慢,万人拥有建成区面积的下降速度减缓,导致城市空间指数较高情景更大。

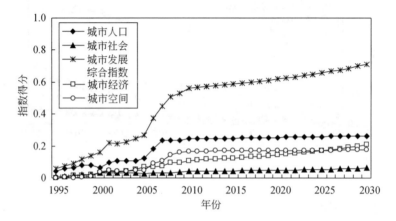

图 6-14　中情景下的乌鲁木齐市城市发展水平模拟

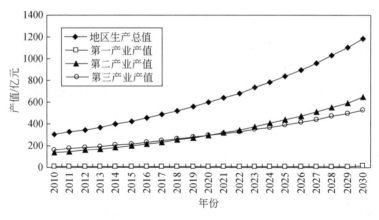

图 6-15　低情景下的乌鲁木齐市 GDP 增长模拟

3)低速发展情景

在城市低速发展方案中,乌鲁木齐市 2030 年总人口增加到 279.42 万人,年均增长 7.0‰,城镇人口增加到 273.83 万人,年均增长 7.74‰。地区生产总值增加到 1183.42 亿元,年均增长 7.03%(图 6-15),其中,第一产业产值增至 12.62 亿元,增长了 1.79 倍,第二产业产值增至 644 亿元,增长了 3.73 倍,第三产业产值增至 527 亿元,增长了 2.23 倍;三次产业结构变为 1.07∶54.43∶44.51,第一产业比重下降 0.42%,第二产业比重上升 9.57%,第三产业比重降低 9.14%;工业总产值增加到 2000 亿元,年均增长 8.50%,建成区面积增加到 385.82km²。

在城市低速发展情景下,2030 年乌鲁木齐市城市发展综合指数上升到 0.6374 (图 6-16),年均增加 0.0037。其中,城市人口指数、城市经济指数、城市社会指数和城市空间指数分别上升到 2030 年的 0.2583、0.1518、0.0516 和 0.1756,年均分别增加 0.007、0.0021、0.0004 和 0.0004。

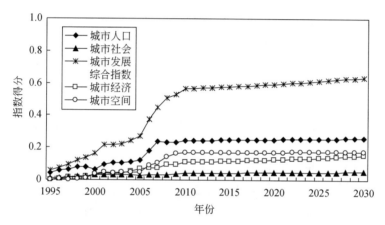

图 6-16   低情景下的乌鲁木齐市城市发展水平模拟

2. 水资源开发利用的情景模拟

1)水资源供需水平的系统仿真

高、中、低三种城市发展方案下用水人口与用水产业的不同使水资源需求量有所差异。相同的城市发展方案下,用水方案不同(现状方案和节水方案)导致用水定额的变化,也带来需水总量的差异(表 6-4)。

农业需水总量主要受灌溉用水定额的影响,在现状用水方案中,灌溉用水定额由 2010 年的 8831m³/hm² 降至 2030 年的 7831m³/hm²,灌溉需水量由 5.23×10^8 m³ 降至 4.70×10^8 m³,导致农业需水量由 2010 年的 7.01×10^8 m³ 降至 2030 年的 5.06×10^8 m³;节水方案中,灌溉用水定额由 2010 年的 8831m³/hm² 降至 2030 年的 6831m³/hm²,灌溉需水量由 5.23×10^8 m³ 降至 4.10×10^8 m³,导致农业需水量由 2010 年的 7.01×10^8 m³ 降至 4.46×10^8 m³。

表 6-4　不同情景下主要用水指标的仿真结果

水资源利用方案	年份	城市发展方案	需水总量/($\times10^8\,\mathrm{m^3}$)	农业需水/($\times10^8\,\mathrm{m^3}$)	工业需水/($\times10^8\,\mathrm{m^3}$)	生活需水/($\times10^8\,\mathrm{m^3}$)	生态需水/($\times10^8\,\mathrm{m^3}$)	万元GDP需水/$\mathrm{m^3}$
	2010	现状	10.89	7.01	1.96	1.50	0.42	50.11
现状	2015	高	12.19	5.46	4.35	1.80	0.57	46.63
		中	11.04	5.46	3.32	1.68	0.57	46.63
		低	10.40	5.46	2.74	1.63	0.57	46.63
	2020	高	17.37	5.33	9.25	1.97	0.81	41.52
		中	13.24	5.33	5.37	1.72	0.81	41.52
		低	11.42	5.33	3.67	1.61	0.81	41.52
	2025	高	28.69	5.20	20.18	2.16	1.15	37.95
		中	17.04	5.20	8.93	1.76	1.15	37.95
		低	12.98	5.20	5.05	1.58	1.15	37.95
	2030	高	53.80	5.06	44.75	2.36	1.63	35.26
		中	23.58	5.06	15.09	1.79	1.63	35.26
		低	15.31	5.06	7.05	1.56	1.63	35.26
节水	2015	高	11.82	5.32	4.13	1.80	0.57	44.26
		中	10.72	5.32	3.15	1.68	0.57	44.26
		低	10.12	5.32	2.60	1.63	0.57	44.26
	2020	高	16.17	5.03	8.36	1.97	0.81	37.50
		中	12.42	5.03	4.85	1.72	0.81	37.50
		低	10.77	5.03	3.32	1.61	0.81	37.50
	2025	高	25.44	4.75	17.39	2.16	1.15	32.69
		中	15.35	4.75	7.70	1.76	1.15	32.69
		低	11.83	4.75	4.35	1.58	1.15	32.69
	2030	高	45.30	4.46	36.85	2.36	1.63	29.04
		中	20.32	4.46	12.43	1.79	1.63	29.04
		低	13.46	4.46	5.81	1.56	1.63	29.04

　　工业需水量受工业产值变化率和万元工业产值用水量的共同影响,在现状用水方案下,万元工业产值用水量由 2010 年的 $50.11\mathrm{m^3}$ 降至 2030 年的 $35.26\mathrm{m^3}$,受高、中、低三种不同发展速度的影响,工业需水量分别由 2010 年的 $1.96\times10^8\,\mathrm{m^3}$ 增至 2030 年的 $44.75\times10^8\,\mathrm{m^3}$、$15.09\times10^8\,\mathrm{m^3}$ 和 $7.05\times10^8\,\mathrm{m^3}$;节水方案中,2030 年万元工业产值用水量为 $29.04\mathrm{m^3}$,高、中、低发展速度下工业需水量分别为 $36.85\times$

10^8m^3、$12.43 \times 10^8 \text{m}^3$ 和 $5.81 \times 10^8 \text{m}^3$。

生活需水量则主要由人口增长的变化影响,2010 年乌鲁木齐市生活用水量为 $1.50 \times 10^8 \text{m}^3$,在高、中、低三种城市发展方案下,生活需水量到 2030 年分别为 $2.36 \times 10^8 \text{m}^3$、$1.79 \times 10^8 \text{m}^3$ 和 $1.56 \times 10^8 \text{m}^3$。生态需水量采用指数函数进行模拟,不同情景下的变化过程一样,均由 2010 年的 $0.42 \times 10^8 \text{m}^3$ 增加到 2030 年的 $1.63 \times 10^8 \text{m}^3$。

(1)高速发展情景。

在社会经济高速发展情景下,除农业需水量呈现下降趋势,2010~2030 年乌鲁木齐市工业需水量、生活需水量和生态需水量和需水总量均呈增长趋势(图 6-17),由于工业需水量的快速增加,生活需水的增加速度远小于需水总量的增加速度,导致其所占比例也呈下降趋势。在高速-现状用水方案中,需水总量从 $10.89 \times 10^8 \text{m}^3$ 增加到 $53.80 \times 10^8 \text{m}^3$,增加了 3.94 倍,年均增加 $2.15 \times 10^8 \text{m}^3$,主要用于工业发展;由于工业的快速发展,2017 年以后工业需水量超过了农业需水量,农业、

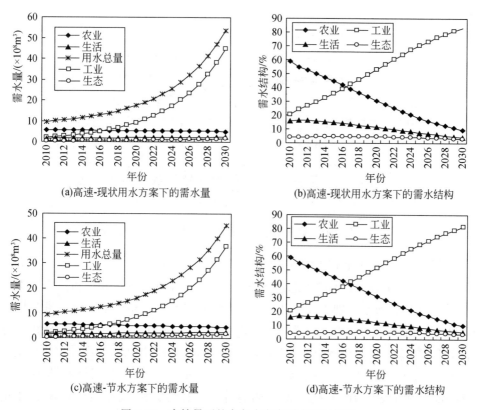

(a)高速-现状用水方案下的需水量　(b)高速-现状用水方案下的需水结构

(c)高速-节水方案下的需水量　(d)高速-节水方案下的需水结构

图 6-17　高情景下的乌鲁木齐市需水增长模拟

工业、生活、生态用水比重由 2010 年的 64.36:18.00:13.74:3.89 变为 2017 年为 39.21:42.49:13.54:4.77,到 2030 年为 9.41:83.18:4.39:3.03,工业成为乌鲁木齐市用水的重要部门。在高速-节水方案中,需水总量增加到 45.30×10⁸m³,年均增加 1.72×10⁸m³,需水结构到 2030 年调整为 9.85:81.35:5.21:3.60,与现状用水方案相比,节水方案水资源利用结构得到了一定优化。

地表水资源量取历年平均值 10.52×10⁸m³,地表水资源供给率到 2030 年匀速递增到 75%,使地表水供给量由 2010 年的 5.70×10⁸m³ 增至 2030 年的 7.89×10⁸m³。地下水资源量的历年平均值为 4.03×10⁸m³,2010 年地下水供给量为 4.97×10⁸m³,供给率达 123%,若地下水供给率控制在 50%,则地下水供给量为 2.91×10⁸m³,污水回用量取历年均值 0.35×10⁸m³,则乌鲁木齐市自身的供水总量主要随地表水供给率而变化,到 2030 年供水总量达 11.15×10⁸m³。在社会经济高速发展的同时,水资源需求加大,超过供水能力时必然导致水资源供需差额增大。

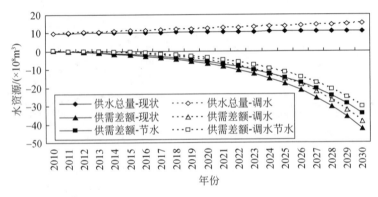

图 6-18　高情景下的乌鲁木齐市供需差额模拟

社会经济高速发展带来的水资源缺口较大,从 2011 年开始缺水(图 6-18)。在现状供水条件下,2011 年供水总量为 9.92×10⁸m³,现状用水方案和节水方案下 2011 年的需水总量分别为 10.14×10⁸m³ 和 10.08×10⁸m³,导致缺水量分别为 0.22×10⁸m³ 和 0.16×10⁸m³;到 2030 年,供水总量为 11.15×10⁸m³,现状用水方案和节水方案下需水总量分别为 53.5×10⁸m³ 和 45.3×10⁸m³,导致缺水量分别为 42.65×10⁸m³ 和 34.15×10⁸m³,2011～2030 年乌鲁木齐市累计缺水分别为 247.69×10⁸m³ 和 201.26×10⁸m³。若有外调水补给供水,按照调水方案,调水量以每年 2000×10⁴m³ 的速度匀速增加,到 2030 年调水量达 4×10⁸m³,供水总量达 15.15×10⁸m³,现状用水方案和节水方案下缺水量分别为 38.65×10⁸m³ 和 30.15

$\times 10^8 \mathrm{m}^3$,2011～2030 年乌鲁木齐市累计缺水分别为 205.70$\times 10^8 \mathrm{m}^3$ 和 159.26$\times 10^8 \mathrm{m}^3$。

(2)中速发展情景。

城市中速发展情景下,农业需水量呈下降趋势,工业需水、生活需水、生态需水和需水总量均有所增长(图 6-19)。在中速-现状用水方案中,2030 年需水总量增加到 23.58$\times 10^8 \mathrm{m}^3$,增加了 1.17 倍,年均增加 0.63$\times 10^8 \mathrm{m}^3$;由于工业的快速发展,2020 年开始工业需水量超过了农业需水量,需水结构为 40.26:40.59:12.99:6.12,到 2030 年为 21.48:63.99:7.61:6.91,工业成为乌鲁木齐市用水的重要部门。在中速-节水方案中,需水总量增加到 20.32$\times 10^8 \mathrm{m}^3$,年均增加 0.47$\times 10^8 \mathrm{m}^3$,需水结构到 2030 年调整为 21.97:61.17:8.83:8.02,与现状用水方案相比,节水方案水资源利用结构得到一定程度的优化。

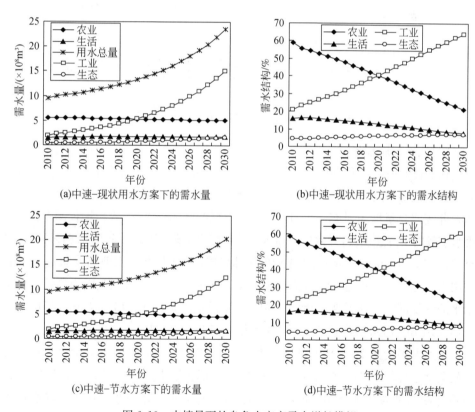

图 6-19 中情景下的乌鲁木齐市需水增长模拟

中速发展情景下,乌鲁木齐市缺水程度较高速发展情景大大减小(图 6-20)。在现状供水条件下,乌鲁木齐市从 2011 年开始缺水,现状用水方案 2011 年缺水量

为 $0.07 \times 10^8 \mathrm{m}^3$，到 2030 年缺水量为 12.43×10^8 m^3，多年累积缺水 83.16×10^8 m^3；节水方案下 2011 年缺水量为 $0.01 \times 10^8 \mathrm{m}^3$，到 2030 年缺水量为 $9.17 \times 10^8 \mathrm{m}^3$，多年累积缺水 $60.00 \times 10^8 \mathrm{m}^3$。调水情景下，现状用水方案使乌鲁木齐市 2017 年开始缺水，到 2030 年缺水量为 $8.43 \times 10^8 \mathrm{m}^3$，多年累计缺水 $41.16 \times 10^8 \mathrm{m}^3$；节水方案使乌鲁木齐市 2021 年开始缺水，到 2030 年缺水量为 $5.17 \times 10^8 \mathrm{m}^3$，多年累计缺水 $18.00 \times 10^8 \mathrm{m}^3$。

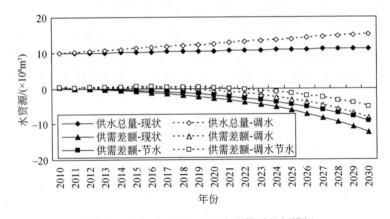

图 6-20　中情景下的乌鲁木齐市供需差额模拟

(3)低速发展情景。

在低速发展情景下，2011～2030 年农业需水量和生活需水量呈现下降趋势，工业需水量、生态需水量和需水总量均有所增长(图 6-21)。在低速-现状用水方案中，2030 年需水总量增加到 $15.31 \times 10^8 \mathrm{m}^3$，年均增加 $0.22 \times 10^8 \mathrm{m}^3$；人口增长速度较生活用水定额的下降速度慢，导致生活需水量逐年略有下降，由 2011 年的 $1.64 \times 10^8 \mathrm{m}^3$ 降至 2030 年的 $1.56 \times 10^8 \mathrm{m}^3$；由于工业的快速发展，2026 年开始工业需水量超过了农业用水量，到 2030 年需水结构为 33.08:46.05:10.20:10.65，工业成为乌鲁木齐市用水的重要部门。在低速-节水方案中，需水总量增加到 $13.46 \times 10^8 \mathrm{m}^3$，年均增加 $0.13 \times 10^8 \mathrm{m}^3$，需水结构到 2030 年调整为 33.16:43.14:11.60:12.11。

低速发展情景下，乌鲁木齐市需水总量大大减小，尤其是调水情景使水资源处于盈余状态(图 6-22)。在现状供水条件下，按现状用水方案，2012 年开始缺水，到 2030 年缺水量为 $4.16 \times 10^8 \mathrm{m}^3$，按节水方案，2017 年开始缺水，2030 年缺水量为 $2.31 \times 10^8 \mathrm{m}^3$。调水情景下，基本不存在缺水，水资源完全能够满足社会经济发展的需要。

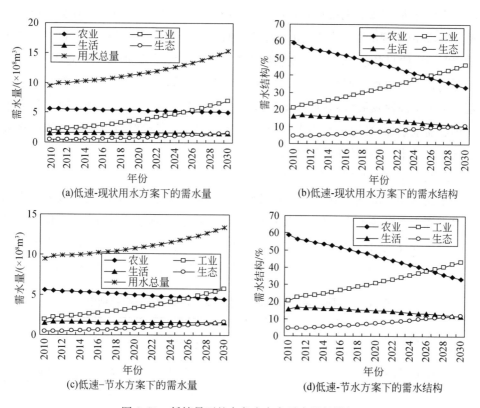

(a)低速-现状用水方案下的需水量

(b)低速-现状用水方案下的需水结构

(c)低速-节水方案下的需水量

(d)低速-节水方案下的需水结构

图 6-21　低情景下的乌鲁木齐市需水增长模拟

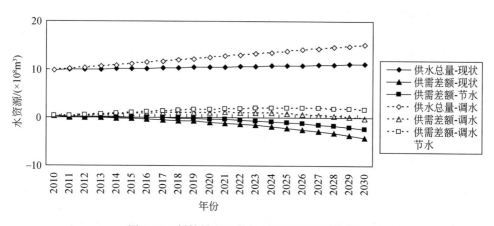

图 6-22　低情景下的乌鲁木齐市供需差额模拟

通过对不同社会经济发展情景、不同供水用水方案下,乌鲁木齐市水资源供需情况的模拟分析,以现有的用水方式,如果不存在跨流域调水,难以满足社会经济的低速发展,跨流域调水和节水措施的实施十分必要。若采取调水量以每年 $0.2 \times 10^8 \, \text{m}^3$ 的速度递增的调水方案,完全可以满足低速发展的用水要求,但按照中速发展,2017 年开始将出现缺水,如果采用节水措施,中速发展情景下缺水将推迟到 2021 年。若社会经济高速发展,该调水方案和节水方案也难以满足社会经济高速增长带来的用水需求增加,必须加大调水和节水力度,否则,水资源对城市发展的约束将限制乌鲁木齐市社会经济的健康发展。

2)水资源开发利用潜力的系统仿真

根据不同城市发展情景与供水用水方案,利用系统动力学模型模拟未来影响乌鲁木齐市水资源本底条件、开发程度、利用效率和管理能力的 15 项指标值。采用水资源开发利用综合评价指标体系,模拟不同方案下乌鲁木齐市未来水资源开发利用综合程度(表 6-5)。数据的归一化过程与城市发展水平的模拟一致。

表 6-5　不同情景下的 2030 年水资源利用综合程度模拟结果

发展方案	用水方案	水资源开发利用综合程度	本底条件	开发程度	利用效率	管理能力
2010 年现状		0.3234	0.0395	0.1601	0.0770	0.0468
高	现状	0.3982	0.1279	0.0000	0.2257	0.0447
	节水	0.4799	0.1279	0.0341	0.2718	0.0461
	调水	0.4048	0.1279	0.0065	0.2257	0.0447
	调水-节水	0.4864	0.1279	0.0406	0.2718	0.0461
中	现状	0.4835	0.1418	0.1087	0.1788	0.0542
	节水	0.5383	0.1418	0.1261	0.2135	0.0569
	调水	0.4900	0.1418	0.1153	0.1788	0.0542
	调水-节水	0.5448	0.1418	0.1326	0.2135	0.0569
低	现状	0.5105	0.1504	0.1480	0.1504	0.0617
	节水	0.5516	0.1504	0.1604	0.1791	0.0617
	调水	0.5171	0.1504	0.1545	0.1504	0.0617
	调水-节水	0.5581	0.1504	0.1670	0.1791	0.0617

由表 6-5 可知,水资源本底条件指数随城市发展方案而不同,利用效率和管理能力受城市发展方案(高、中、低)和用水方案(现状用水、节水)共同影响,开发程度则受城市发展方案、用水方案、供水方案(现状供水、调水)综合影响。在不同城市

发展和供水用水情景下,模拟得出不同的水资源开发利用综合程度(图6-23)。

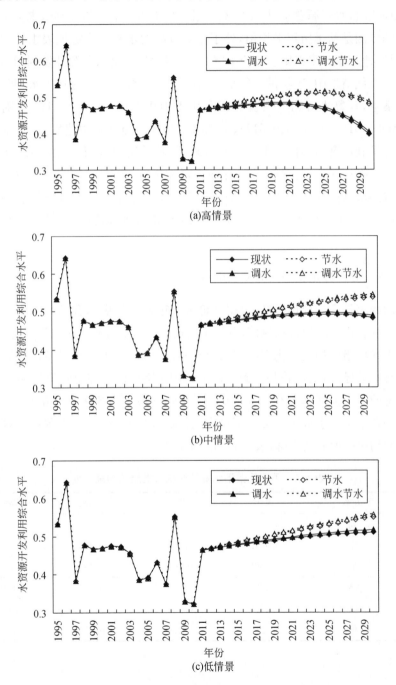

图 6-23　不同情景下的水资源利用综合程度变化

1995~2010年,乌鲁木齐市水资源开发利用潜力在波动中呈现下降趋势。进行情景预测时,水资源总量、用水定额等指标采用历年平均值,因此,水资源开发利用潜力的预测是基于历年平均值,处于相对较高的水平。假定地表水资源利用率逐年增长,地下水开采率则会相应下降,在模拟中显示出水资源开发利用潜力的上升趋势。在低情景中,现状供水用水、现状供水-节水、调水-现状用水、调水-节水四种方案下,乌鲁木齐市水资源开发利用潜力由2011年的0.4643分别上升到2030年的0.5105、0.5516、0.5171、0.5581。若社会经济呈中速发展,节水情景下水资源开发利用潜力仍保持上升但趋势减缓,若采用现状用水,在2025年后潜力指数开始下降;若呈高速发展,节水情景下潜力指数将在2024年以后开始下降;若采用现状用水则提前到2020年。采用节水方案所带来的水资源开发利用潜力的提高程度,远大于采用调水方案的效果,社会经济发展速度越快,节水带来的效果越明显。

6.2.3　水资源对城市发展约束强度的情景仿真

利用约束强度的计算模型,根据乌鲁木齐市城市发展综合指数和水资源开发利用潜力综合指数的模拟预测值,分析不同情景下水资源对城市发展的约束强度。

由于各项指标的归一化方法与第4章不同,得出的水资源对城市发展的约束强度也有所差异,但变化趋势一致,1995~2010年乌鲁木齐市水资源系统对城市发展系统的约束强度基本在0.5~0.7,属于强约束。系统仿真结果显示,由于城市发展综合水平和水资源开发利用潜力的提高,乌鲁木齐市水资源系统对城市发展系统的约束强度有所下降(表6-6和图6-24)。

表6-6　不同情景下水资源对城市发展的约束强度

年份	方案	现状	节水	调水	调水-节水
	高	0.4923	0.4859	0.4910	0.4847
2015	中	0.4942	0.4882	0.4930	0.4870
	低	0.4962	0.4917	0.4950	0.4905
	高	0.4733	0.4568	0.4709	0.4544
2020	中	0.4776	0.4635	0.4752	0.4610
	低	0.4810	0.4696	0.4786	0.4672

续表

年份	方案	现状	节水	调水	调水-节水
2025	高	0.4611	0.4280	0.4575	0.4244
	中	0.4644	0.4391	0.4608	0.4354
	低	0.4675	0.4476	0.4639	0.4440
2030	高	0.4654	0.4050	0.4606	0.4002
	中	0.4572	0.4167	0.4524	0.4118
	低	0.4565	0.4261	0.4517	0.4213

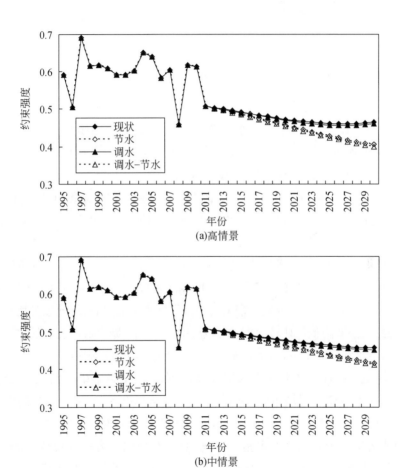

(a)高情景

(b)中情景

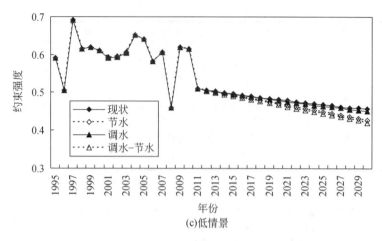

图 6-24　不同情景下水资源对城市发展的约束强度

社会经济高速发展,导致城市发展综合指数较高,使得城市对水资源短缺的抗约束能力增强,较中、低情景下的水资源约束强度更小。但现状用水方式下,社会经济的快速发展,也带来水资源开发程度的加剧,影响水资源开发利用潜力,导致到 2030 年高情景下的水资源约束强度反而低于中、低情景。

在现状供水-现状用水方案下,水资源对城市发展的约束强度逐年下降,从 2011 年的 0.5083 降到 2027 年的 0.4602,而后有所上升,到 2030 年为 0.4654;调水-现状用水方案下,从 2011 年的 0.5080 降到 2027 年的 0.4567,而后上升到 2030 年的 0.4606。节水利用方案下,现状供水和调水方案分别导致乌鲁木齐市水资源对城市发展的约束强度从 2011 年的 0.5073、0.5070 降到 2030 年的 0.4050、0.4002。中速和低速发展情景下,社会经济的发展带来的城市发展水平的提高,均导致各用水方案下的水资源约束强度降低。比较而言,在现状用水方案下,城市低速发展的水资源约束强度最小;节水利用方案下,城市高速发展的水资源约束强度则最小。

总体来看,未来乌鲁木齐市水资源系统对城市发展系统的约束强度基本为 0.4~0.5,按照水资源对城市发展约束强度的分级标准,基本属于较强约束。社会经济发展速度较快,城市发展综合水平较高,有助于提高对水资源约束强度的抵抗能力;节水方案与现状用水方案相比,水资源开发利用潜力指数较高,水资源约束强度较低。因此,适度扩大城市规模,加快人口和产业的集聚与规模效应,提高水资源利用效率,通过跨流域调水提高区域的供水能力,有助于减弱水资源系统对城市发展系统的约束作用。其中,采取节水措施,加大工农业节水技术的研发,降低用水定额,提高水资源利用效率,是水资源约束强度减弱最有效的途径。

第7章 乌鲁木齐城市发展与水资源利用优化
调控与对策

通过对近 15 年乌鲁木齐城市发展格局与用水结构的时空演变研究,发现乌鲁木齐市用水结构与经济结构发生严重错位。水资源与城市系统仿真模拟的各种情景方案都考虑了水资源开发利用与保护之间的关系,在水资源总体短缺的前提下注重了水资源与生态环境的保护,但未来将长期面临城市发展与水资源开发利用相互协调的艰巨任务(鲍超和方创琳,2009)。由于水资源供给总量和农业退水速度有限,即使采用跨流域调水和节水措施,城市发展速度过快也将使城市生活用水和工业用水的增长超过农业用水的减少,导致区域社会经济需水总量持续增加,出现极大的供水缺口,水资源开发利用潜力持续下降,带来水资源系统和生态环境的退化。但城市发展速度过低会限制区域社会经济的发展,使得用水效率低、耗水大,导致生产用水挤占生态用水,带来水资源和生态环境的恶化,从而又限制城市社会经济的发展。

根据乌鲁木齐市"十二五"规划和新疆社会经济跨越式发展的要求,低速发展也难以满足乌鲁木齐城市发展的需求。因此,需考虑的是,在满足国民社会经济发展需要的增长速度和用水总量基本稳定的前提下,逐渐改变产业结构和用水结构,对乌鲁木齐市的城市发展方式与用水结构进行优化调控,提高用水效率,选择适合城市发展需要和水资源开发利用现状的城市发展模式和水资源调配方式,以较小的水资源代价获取城市的较快发展,实现人水和谐的城市发展模式。

用水结构与城市发展方式之间相互影响,用水结构优化要求产业向节水高效型转变,产业结构优化导致用水需求的不断减少,将挤出的生产用水转化为生态用水和生活用水,从而改善生态环境和人民生活水平,促进区域可持续发展。乌鲁木齐市用水结构的优化主要是对区域生态-生产-生活系统之间的用水进行合理配置,其中生产用水变化最活跃,因此,对乌鲁木齐市工业、农业用水结构的优化也是本章讨论的重点。

本章基于用水结构的优化配置方案,探讨对应的产业结构调整方案,对未来乌鲁木齐市三次产业结构、农业结构、工业结构等进行优化调控,提出不同社会经济发展速度要求下的城市发展优化模式。

7.1　乌鲁木齐市水资源供给模式与用水结构优化

水资源开发利用初期,水资源配置以追求经济效益最大化为目标,主要采用"以需定供"的经济增长型配置方式。但是随着人口增长、城镇化推进和社会经济的发展,特别是灌溉农业规模和工业产业规模的不断扩大,水资源日趋紧张,供需矛盾日益突出,必须转变供需观念,及时调整水资源供需关系,以资源环境和社会经济协调持续发展为目标,采取"以供定需、限额用水"的协调发展型配置方式(陈曦等,2009)。

本书对乌鲁木齐市用水结构的优化配置是对未来 20 年用水结构的动态调控,只能根据第 6 章构建的城市发展与水资源利用系统仿真模型所预测的乌鲁木齐市生态、生产、生活不同系统的需水量来确定用水量。在实现乌鲁木齐市水资源供需平衡的条件下,使供水能够完全满足需水要求,供水量与需水量相当。因此,本书的用水结构实际是需水结构。

7.1.1　水资源供给模式与供需平衡分析

水资源供需平衡一般需要综合考虑社会经济和生态环境的相互关系,分析各发展时期的水资源供给状况与用水需求。较多的水资源供需平衡分析分为丰水年($P=10\%$)、偏丰水年($P=25\%$)、中等枯水年($P=75\%$)、枯水年($P=90\%$)等不同情况进行探讨。由于现状乌鲁木齐市水资源可利用量已完全被开发,不考虑气候变化和水资源丰枯变化的影响,假设区域多年平均水资源量相对保持稳定,而地下水资源量的减少使多年来乌鲁木齐市地下水资源已处于超采状态,地下水供给难以增加,地表水供给量会随着调水能力的增强而加大,区域内供水量不会发生明显变化。跨流域调水是从根本上解决乌鲁木齐市水资源短缺的方案,但调水量难以大幅增长。

系统仿真模型中,根据第 6 章的跨流域调水方案,乌鲁木齐市的调水能力逐渐增强,调水量以每年 $2000\times10^4\,\mathrm{m}^3$ 的速度匀速增加,到 2030 年调水量达 $4\times10^8\,\mathrm{m}^3$,调水方案中的供水总量为水资源供给量(图 7-1),区域内保持水资源供需平衡,即需水总量等于供水总量。

7.1.2　用水结构总体调控与优化

在调水难以增加之前,应立足于节水、产业结构调整和当地水资源的深度开发

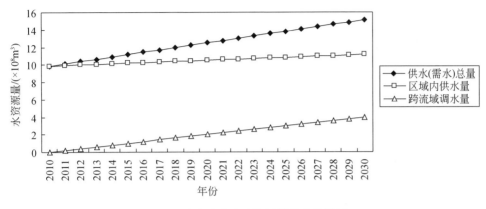

图 7-1　乌鲁木齐市水资源供给变化模拟

及优化配置,建立较为合理的用水结构,在一定程度上有助于缓和乌鲁木齐市水资源短缺的矛盾,促进社会经济的可持续发展。

用水结构的优化调控,主要是对用水结构和城市产业发展结构的各种参数确定,在确保区域水资源基本能够达到动态供需平衡的基础上,对各种用水占区域总用水量的比例进行合理配置(张豫芳,2010)。为保障生态环境,生态用水比例应逐渐提高,采用第 6 章的模拟结果,生态用水量 2010 年为 $0.4239 \times 10^8 m^3$,2030 年增至 $1.63 \times 10^8 m^3$;生活用水量由城镇人口、农村人口、城镇居民用水定额和农村居民用水定额确定,其中人口预测采用第 6 章结果,生活用水量在 2010 年为 $1.497 \times 10^8 m^3$,2030 年在城市中速、高速发展情景下分别为 $1.794 \times 10^8 m^3$、$2.36 \times 10^8 m^3$。本节主要对生产用水,即工业用水和农业用水的合理配置进行重点探讨。

1. 用水总量的优化配置

假设用水方案采用节水利用方案,即工业和农业节水力度加大,工业重复用水率由 2010 年的 70% 匀速提高到 2030 年的 85%,若以现有产业结构发展,万元工业产值用水量由 2010 年的 50.11m³/万元降至 2030 年的 29.04m³/万元。灌溉用水定额以 100m³/hm² 的速度逐年递减,由 2010 年的 8831m³/hm² 降至 2030 年的 6831m³/hm²(表 7-1)。

表 7-1　2010～2030 年乌鲁木齐市用水定额变化

年份	工业重复用水率/%	万元工业产值用水量/（m³/万元）	灌溉用水定额/（m³/hm²）
2010	0.7000	50.11	8831
2015	0.7375	44.26	8331
2020	0.7750	37.50	7831
2025	0.8125	32.69	7331
2030	0.8500	29.04	6831

　　乌鲁木齐市的水资源供给已达到极限,不可能继续增加,因此,只有压缩和限制工农业用水以保证城市生活用水和生态用水。1995～2010 年用水结构显示,乌鲁木齐市的工业用水约占总用水量的 20%,农业用水占总用水量的 60%,即生产用水是乌鲁木齐市用水的重要组成部分。探讨现有水资源条件对乌鲁木齐市社会经济发展的支撑能力,分析用水节水特点及其规律,调整工业和农业内部的产业结构,挖掘节水潜力,尽量减小供水不足对国民经济的影响,有助于促进乌鲁木齐市社会经济发展进程。

　　在供水总量、生态用水、生活用水确定的情况下,工农业生产应在现有水资源量的基础上进行合理调配,即生产用水总量在中、高速城市发展情景下,到 2030 年应分别控制在 $11.726 \times 10^8 \mathrm{m}^3$ 和 $11.160 \times 10^8 \mathrm{m}^3$（表 7-2）。

表 7-2　不同情景下的乌鲁木齐市生态、生活、生产用水量　（单位：$\times 10^8 \mathrm{m}^3$）

年份	供水总量	城市中速发展			城市高速发展		
		生态用水	生活用水	生产用水	生态用水	生活用水	生产用水
2010	9.855	0.424	1.497	7.934	0.424	1.497	7.934
2015	11.180	0.572	1.683	8.925	0.572	1.803	8.805
2020	12.500	0.811	1.720	9.969	0.811	1.973	9.716
2025	13.830	1.150	1.757	10.923	1.150	2.158	10.522
2030	15.150	1.630	1.794	11.726	1.630	2.360	11.160

　　2. 用水结构的优化调整

　　从生态、生活、生产用水结构看,按照现有供水条件进行水资源调控,乌鲁木齐市的用水结构将发展显著变化,其动态变化趋势如图 7-2 所示。2010 年用水总量

为 $9.855 \times 10^8 \text{ m}^3$，其中，生态用水占 4.30%，生活用水占 15.19%，生产用水占 80.51%。到 2030 年用水总量为 $15.15 \times 10^8 \text{ m}^3$。在城市中速发展情景下，生态用水、生活用水和生产用水比例分别为 10.76%、11.84% 和 77.40%；在城市高速发展情景下，生态用水、生活用水和生产用水比例分别为 10.76%、15.58% 和 73.66%。两种情景下的生态用水比例均最小，但上升明显；由于节水措施的实施，在中速发展情景下，生活用水比例有所下降，高速情景下生活用水比例变化不明显，略有上升；受水资源总量的约束，生产用水比例均呈现下降趋势。

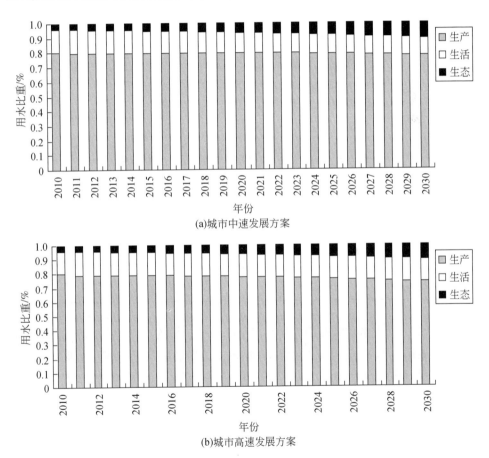

图 7-2　不同情景下的乌鲁木齐市用水结构变化

7.1.3　生产用水的优化调控

乌鲁木齐市生产用水中，农业用水比例一直远大于工业用水比例。生产用水的优化调控,应该是在大力发展节水高效农业、有选择的发展甚至限制发展高耗水低效工业的基础上,对工农业内部各行业用水量进行优化。未来 20 年,农业用水总量将大幅减少,其所占比例将大幅下降,而工业用水比例则将大幅上升。

1. 工农业需水结构总体调控

乌鲁木齐市 2010 年生产用水为 $7.934 \times 10^8 \mathrm{m}^3$,其中,工业用水 $1.9612 \times 10^8 \mathrm{m}^3$,农业用水 $7.0111 \times 10^8 \mathrm{m}^3$,分别占用水总量的 19.90% 和 60.61%。在城市中速发展要求下,到 2030 年乌鲁木齐市生产需水调整为 $11.726 \times 10^8 \mathrm{m}^3$,其中,工业需水 $8.477 \times 10^8 \mathrm{m}^3$,年均增长 $0.3259 \times 10^8 \mathrm{m}^3$,农业需水为 $3.249 \times 10^8 \mathrm{m}^3$,年均减少 $0.1362 \times 10^8 \mathrm{m}^3$,分别占需水总量的 55.95% 和 21.45%。在城市高速发展要求下,2030 年生产需水调整为 $11.160 \times 10^8 \mathrm{m}^3$,其中,工业需水 $9.0456 \times 10^8 \mathrm{m}^3$,年均增长 $0.3542 \times 10^8 \mathrm{m}^3$,农业需水 $2.1144 \times 10^8 \mathrm{m}^3$,年均减少 $0.1929 \times 10^8 \mathrm{m}^3$,分别占需水总量的 59.71% 和 13.96%(表 7-3)。

表 7-3　乌鲁木齐市生产用水总量与用水结构调整

城市发展	用水行业	用水量/($\times 10^8 \mathrm{m}^3$)					占用水总量比例/%				
		2010	2015	2020	2025	2030	2010	2015	2020	2025	2030
中速	工业	1.9612	2.8995	4.0806	5.8592	8.4770	19.90	25.93	32.65	42.37	55.95
	农业	7.0111	6.0255	5.8885	5.0638	3.2490	60.61	53.90	47.11	36.61	21.45
高速	工业	1.9612	3.3620	5.2387	7.6509	9.3413	19.90	30.00	41.64	54.56	59.71
	农业	7.0111	5.4430	4.4774	2.8711	1.8187	60.61	48.76	36.09	21.52	13.96

2010 年工业用水和农业用水分别占生产用水总量的 24.72% 和 75.28%,农业用水是工业用水的 3 倍。到 2030 年,在城市中速发展情景下,工业、农业需水占生产需水总量的比例分别调整为 72.29%、27.71%,在城市高速发展情景下分别调整为 81.05%、18.95%,工业需水比例大幅上升,农业需水比例迅速下降(图 7-3)。

2. 农业内部的需水结构调控

林地、草地和牲畜用水量在用水总量中所占比例较小,为保障区域的生态环境和畜牧业、林业的发展,在农业内部的用水结构优化中,采用第 6 章的模型假设,农业用水中的林地、草地用水保持不变,分别为 $0.2433 \times 10^8 \mathrm{m}^3$ 和 $0.0764 \times 10^8 \mathrm{m}^3$,牲畜用水随牲畜数量而变化,由 2010 年的 $0.0412 \times 10^8 \mathrm{m}^3$ 增至 2030 年的 $0.0481 \times 10^8 \mathrm{m}^3$。农业用水内部的调控,主要是灌溉用水的控制。2010 年乌鲁木齐市灌溉

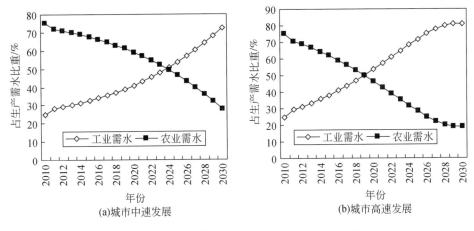

图 7-3　不同情景下乌鲁木齐市工农业需水结构

用水量为 $6.6502 \times 10^8 \text{m}^3$,在城市中、高速发展情景下,到 2030 年灌溉需水分别为 $2.8812 \times 10^8 \text{m}^3$ 和 $1.7466 \times 10^8 \text{m}^3$,占农业用水的比例由 2010 年的 94.85% 分别降至 2030 年的 88.68% 和 82.60%。由于灌溉用水量的减少,林地、草地和牲畜用水虽然变化不大,但所占比例均呈上升趋势(表 7-4)。

表 7-4　乌鲁木齐市农业需水结构调整　　　　　　　　(单位:%)

年份	城市中速发展				城市高速发展			
	林地	草地	牲畜	灌溉	林地	草地	牲畜	灌溉
2010	3.47	1.09	0.59	94.85	3.47	1.09	0.59	94.85
2015	4.04	1.27	0.71	93.98	4.46	1.40	0.79	93.35
2020	4.13	1.30	0.76	93.81	5.39	1.69	1.00	91.92
2025	4.80	1.51	0.92	92.76	8.18	2.57	1.57	87.69
2030	7.49	2.35	1.48	88.68	11.51	3.61	2.27	82.60

7.2　水资源总量控制下的乌鲁木齐城市发展模式

水资源总量控制下,通过得出的用水结构优化配置方案,探讨与其相对应的产业结构调整方案,对乌鲁木齐市的三次产业结构、农业结构、工业结构等进行优化调控,实现水资源供需平衡和社会经济增长速度满足城市发展需求的双重目标。

7.2.1　产业结构调整

　　产业结构的调整是基于可利用水资源量,为满足城市总体发展速度的要求,对三次产业发展的速度进行调控,即从定性和定量两个角度对未来 20 年乌鲁木齐市的三次产业结构进行优化。这要求产业结构与用水结构相对应,使乌鲁木齐市的需水总量不超过区域水资源承载力,同时,也要满足社会经济不断发展的需求,使乌鲁木齐市社会经济持续发展、人民生活水平不断提高,实现乌鲁木齐市向节水高效型产业结构演进。在这一思路的指导下,得出乌鲁木齐市 2010~2030 年三次产业结构(表 7-5)。

　　2010 年乌鲁木齐市地区生产总值为 303.83 亿元(1978 年可比价),其中第一、第二、第三产业分别占 1.49%、44.86%、53.65%,表现为"三、二、一"的产业结构,第一产业比重极低。乌鲁木齐市作为新疆的社会经济中心,是新兴的综合性工业城市,也是新疆最主要的工业基地,现正处于走新型工业化道路的历史阶段(张芳芳和高志刚,2011)。因此,在未来的发展中,第一产业结构继续下降,第二、第三产业产值持续快速增长。

表 7-5　不同情景下的乌鲁木齐市产业结构调整

指标	年份	城市中速发展				城市高速发展			
		GDP	一产	二产	三产	GDP	一产	二产	三产
产值 /亿元	2010	303.83	4.53	136.30	163.00	303.83	4.53	136.30	163.00
	2015	517.75	6.16	244.30	267.29	703.95	5.92	325.20	372.83
	2020	884.96	7.64	438.00	439.32	1636.46	6.83	775.90	853.72
	2025	1516.77	8.92	785.40	722.45	3812.77	7.35	1852.00	1953.42
	2030	2605.62	9.61	1408.00	1188.01	8895.62	8.10	4419.00	4468.52
比重/%	2010	100	1.49	44.86	53.65	100	1.49	44.86	53.65
	2015	100	1.19	47.19	51.62	100	0.84	46.20	52.96
	2020	100	0.86	49.49	49.64	100	0.42	47.41	52.17
	2025	100	0.59	51.78	47.63	100	0.19	48.57	51.23
	2030	100	0.37	54.04	45.59	100	0.09	49.68	50.23

城市中速发展情景下,到 2030 年地区生产总值达 2605.62 亿元,较 2010 年年均增长 11.34%,其中第一、第二、第三产业产值分别达 9.61 亿元、1408.00 亿元、1188.01 亿元,年均增速分别为 3.84%、12.38%、10.44%,第一产业比重有所降低,为 0.37%(下降 1.12 个百分点),由于工业为主要发展方向,第二产业比重快速上升,达 54.04%(上升 9.18 个百分点),第三产业发展较第二产业相对较缓,所占比重略有下降,为 45.59%(下降 8.06 个百分点),从 2021 年开始,乌鲁木齐市第二产业产值比重超过第三产业所占比重。

城市高速发展情景下,到 2030 年地区生产总值达 8895.62 亿元,较 2010 年年均增长 18.39%,第一、第二、第三产业产值分别达 8.10 亿元、4419.00 亿元、4468.52 亿元,年均增速分别为 2.95%、19.00%、18.00%,第一产业比例仅 0.09%(下降 1.40 个百分点),第二产业比例达 49.68%(上升 4.81 个百分点),第三产业比例为 50.23%(下降 3.42 个百分点),依然保持"三、二、一"的产业结构。

7.2.2　农业内部产业结构调整

三次产业结构中,乌鲁木齐市第一产业产值比重较小,而农业用水所占比重较大,且利用率极低。因此,挖掘农业节水潜力,调整农业结构,适当压缩农业用水,是水资源总量控制下乌鲁木齐城市发展的关键。

通过区域用水结构与产业结构的调控模型,在控制第一产业发展速度的基础上,应进一步调整种植业、林业和牧业发展速度,要求其满足区域的用水结构,使农业需水量不断减少,另一方面也实现农业结构向节水高效转变。乌鲁木齐市的农业已基本具有城郊农业的性质,未来的农业发展应充分利用其接近城市的地缘优势,发展集约化、高效益的农业生产。由于灌溉用水占乌鲁木齐市农业用水总量的 90% 以上,而种植业产值仅约占 50%,用水比例高且效率低,因此,应该逐渐提高牧业、渔业和林业在第一产业中的比例,而降低种植业所占比例。

2010 年,乌鲁木齐市农林牧渔总产值为 8.51 亿元,种植业和畜牧业居于主导地位,其产值分别占 53.32% 和 42.05%。在城市中速发展情景下,对农业结构进行总体优化,到 2030 年乌鲁木齐市农林牧渔总产值达 16.36 亿元,年均增加 0.39 亿元,其中,种植业、畜牧业、林业、渔业和副业产值比例分别为 32.28%、61.00%、1.38%、2.85% 和 2.50%,种植业产值比例年均下降 1.05%,牧、林、渔、副业产值比例分别年均上升 0.95%、0.02%、0.04%、0.04%,2022 年起畜牧业产值超过种植业。城市高速发展情景下,2030 年农林牧渔总产值达 13.78 亿元,年均增加 0.26 亿元,种植业、牧、林、渔、副业产值比例分别为 19.64%、72.39%、1.63%、3.38% 和 2.96%,种植业产值比例年均下降 1.68%，牧、林、渔、副业产值比重分别年均上升 1.52%、0.03%、0.07%、0.06%，2017 年开始畜牧业产值超过种植业（表 7-6）。

表 7-6　不同情景下的乌鲁木齐市农业结构调整

城市发展	年份	农林牧渔总产值/亿元	农林牧渔产值结构/%				
			种植业	畜牧业	林业	渔业	副业
现状	2010	8.51	53.32	42.05	0.95	1.96	1.72
中速	2015	10.49	51.05	44.10	0.99	2.06	1.80
	2020	12.99	48.94	45.99	1.04	2.15	1.88
	2025	15.19	43.53	50.87	1.15	2.37	2.08
	2030	16.36	32.28	61.00	1.38	2.85	2.50
	年均变化	0.39	−1.05	0.95	0.02	0.04	0.04
高速	2015	10.07	49.01	45.93	1.04	2.14	1.88
	2020	11.63	42.94	51.39	1.16	2.40	2.10
	2025	12.50	31.43	61.77	1.39	2.88	2.53
	2030	13.78	19.64	72.39	1.63	3.38	2.96
	年均变化	0.26	−1.68	1.52	0.03	0.07	0.06

　　用水量很大的种植业是乌鲁木齐市农业结构的调控重点，对种植业内部的结构进行重点探讨。乌鲁木齐市的种植业结构基本呈蔬菜-粮食型布局（陈彩苹等，2003），近年来粮食作物播种面积有所下降，蔬菜种植面积呈增长趋势。种植结构是影响灌溉用水定额的主导因素（王晓愚等，2004），由于灌溉用水定额的变化已考虑了节水因素，因此，对灌溉用水量的控制主要通过种植结构与灌溉面积的调整来实现。乌鲁木齐市的蔬菜、薯类在种植业中具有较高的综合比较优势（张竞竞，2010），为减少灌溉用水、提高经济效益，实行"压粮调结构节水"工作，在压缩现有灌溉面积的同时，应该减少粮食播种面积，扩大蔬菜、瓜果等的生产。

　　为保证区域水资源供需平衡，满足城市用水和生活用水，耕地有效灌溉面积根据可利用灌溉用水量进行调整。节水农业的发展，使灌溉用水定额下降，一定的灌溉用水量可以扩大耕地灌溉面积。而供水总量有限，城市人口和工业发展带来的用水总量增加，又导致灌溉用水总量减少，需要压缩灌溉面积。在城市中、高速发展情景下，2030 年乌鲁木齐市耕地有效灌溉面积分别调整为 $42.18 \times 10^3 \, \text{hm}^2$、

$25.57\times10^3\,\mathrm{hm}^2$，分别是 2010 年有效灌溉面积 $60.77\times10^3\,\mathrm{hm}^2$ 的 69.41%、42.07%。根据 1995～2010 年耕地有效灌溉系数与复播指数的平均值，推算出中、高速城市发展情景下乌鲁木齐市 2030 年农作物播种面积分别为 $49.21\times10^3\,\mathrm{hm}^2$、$29.83\times10^3\,\mathrm{hm}^2$。乌鲁木齐市郊区农业的地位，决定其在未来发展中以蔬菜种植为主导，种植业应该首要满足人口日益增长带来的蔬菜需求。在此基础上，对不同情景下乌鲁木齐市种植业结构进行调整（表 7-7）。

表 7-7　不同情景下的乌鲁木齐市种植业结构调整

城市发展	年份	有效耕灌面积/($\times10^3\,\mathrm{hm}^2$)	播种面积/($\times10^3\,\mathrm{hm}^2$)					播种面积比重/%			
			合计	粮食	蔬菜	油料	其他	粮食	蔬菜	油料	其他
现状	2010	60.77	65.88	30.7	18.42	5.65	11.11	45.63	24.91	7.70	21.76
中速	2015	67.98	79.30	37.05	18.33	6.26	17.67	46.72	23.11	7.89	22.28
	2020	70.54	82.29	38.07	19.65	6.43	18.15	46.26	23.87	7.81	22.06
	2025	64.08	74.75	32.63	21.06	5.51	15.56	43.65	28.17	7.37	20.81
	2030	42.18	49.21	16.18	22.58	2.73	7.72	32.89	45.88	5.55	15.68
高速	2015	61.08	71.26	31.38	19.63	5.30	14.96	44.03	27.54	7.43	20.99
	2020	52.95	61.77	23.84	22.53	4.03	11.37	38.60	36.48	6.52	18.40
	2025	35.59	41.52	9.51	25.87	1.61	4.54	22.91	62.30	3.87	10.92
	2030	25.57	29.83	0.08	29.70	0.01	0.04	0.26	99.57	0.04	0.12

乌鲁木齐市的蔬菜种植面积呈增加趋势，2010 年为 $18.42\times10^3\,\mathrm{hm}^2$，中、高速城市发展情景下在 2030 年分别增至 $22.58\times10^3\,\mathrm{hm}^2$、$29.70\times10^3\,\mathrm{hm}^2$。由于灌溉用水减少带来的农作物总播面积减少，导致蔬菜种植面积所占比重上升趋势更为明显，在中、高速城市发展情景下，由 2010 年的 24.91% 分别增至 2030 年的 45.88% 和 99.57%。粮食、油料和其他农作物的播种面积则有所减少。城市高速发展情景下，2029 年可利用灌溉耕地已不能满足城市人口对蔬菜的需求，因此全部用于种植蔬菜（图 7-4）。

7.2.3　工业内部产业结构调整

工业用水的调整分为企业内部节水和外部节水两个方面。从工业企业内部

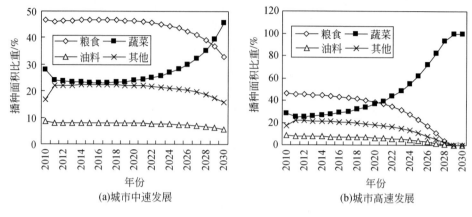

图 7-4　乌鲁木齐市农作物播种面积构成

看,节水一般要经历三个阶段。第一阶段主要通过各种行政手段加强用水管理与调控,无需增加资金投入即可获得明显的节水效果;第二阶段通过抓工业内部的循环用水,提高水资源重复利用率,可以收到投资少、见效快、效益高的节水效果;第三阶段通过改造工业设备和生产工艺实现节水,其节水难度大、投资成本高,但随着水资源获取难度的加大和工业水价的提高,节水的经济效益也会随之提高(郭磊和张士峰,2004)。从工业企业外部看,对节水起决定性作用的是工业产业结构调整和升级。

　　假设乌鲁木齐市未来水资源利用采用节水方案,即水资源重复利用率提高、节水工艺等广泛采用,水资源利用效率大幅提高,因此,不考虑工业企业内部的节水措施,主要从工业企业外部,考察水资源供给条件一定时,不同耗水率的产业结构调整及整体工业结构的优化升级。

1. 工业耗水行业分类

　　采用全国各行业部门的平均耗水量,根据耗水状况对各工业行业进行分类,如表 7-8(国家计委宏观经济研究院课题组,2001)所示。1995～2010 年,乌鲁木齐市低度耗水行业的万元产值平均耗水量为 1.3796m³,中度、高度耗水行业的万元产值平均耗水量分别为 6.6616m³、65.3726m³,是低度耗水行业的 4.84 倍、47.39 倍。

表 7-8 根据耗水状况的乌鲁木齐市工业行业分类

耗水状况	行业	万元产值耗水量/m³	占工业总产值比重/%
低度耗水行业	纺织服装、服饰业,皮革、皮毛、羽绒及其制品业,家具制造业,印刷和记录媒介复制业,文教体育用品制造业,金属制品业,通用设备制造业,专用设备制造业,汽车制造业,铁路、船舶、航空航天和其他运输设备制造业,电气机械和器材制造业,计算机、通信和其他电子设备制造业,仪器仪表制造业,其他制造业	1.3796	13.07
中度耗水行业	木材及竹材采运业,农副食品加工业,食品制造业,烟草加工业,纺织业,木材加工和木、竹、藤、棕、草制品业,医药制造业,橡胶和塑料制品业	6.6616	11.75
高度耗水行业	煤炭开采与洗选业,石油和天然气开采业,黑色金属矿采选业,有色金属矿采选业,非金属矿采选业,酒、饮料和精制茶制造业,造纸和纸制品业,石油加工、炼焦和核燃料加工业,化学原料和化学制品制造业,化学纤维制造业,非金属矿物制品业,黑色金属冶炼和压延加工业,有色金属冶炼和压延加工业,电力、热力生产和供应业,燃气生产和供应业,水的生产和供应业	65.3726	75.18

注:万元产值耗水量和占工业总产值比例为 1995~2010 年平均值。

从不同耗水行业产值占工业总产值比例看,1995~2010 年乌鲁木齐市低度、中度、高度耗水行业产值占工业总产值比例的平均值分别为 13.07%、11.75%、75.18%,其中,低度耗水行业产值比例呈上升趋势,中度耗水行业产值比例有所下降,高度耗水行业的产值比例最高且较为稳定。2010 年,低度、中度、高度耗水工业行业的产值比重分别为 19.54%、4.17%、76.29%。工业结构中高耗水行业过高与乌鲁木齐市水资源供给短缺的状况不相适应,也与其作为首府的城市功能相违背,需要进行优化调整。

2. 工业结构调整方向

乌鲁木齐市作为新兴的综合性工业城市和新疆最重要的工业基地,2010 年工业总产值为 1674.76 亿元,占全疆工业总产值的 31.35%。现在乌鲁木齐市正处于走新型工业化道路的历史阶段(张芳芳和高志刚,2011),其工业结构的优化调整,对于新疆乃至全国都具有极其重要的意义(陈彩苹等,2003)。

借助构建的用水结构与产业结构的优化模型,对乌鲁木齐市未来 20 年的工业总产值与第二产业增加值进行了定量计算。在城市中速发展情景下,乌鲁木齐市第二产业增加值由 2010 年的 136.30 亿元增至 2030 年的 1408 亿元,工业总产值由 391.40 亿元增至 4281 亿元,均增长了近 10 倍,第二产业产值比例由 44.86% 上升到 54.04%。在城市高速发展情景下,第二产业增加值和工业总产值分别增加到 4419 亿元和 12691 亿元,增长近 30 倍,第二产业产值比重上升到 49.68%。要保障较低的工业需水增长和较高的工业产值增长,必须使工业需水定额不断下降。因此,除依靠技术进步降低工业用水定额以外,还需大力调整工业内部结构。工业内部行业结构的调整结果(表 7-9)显示,未来 20 年乌鲁木齐市工业中的高度耗水行业比例将逐渐降低,低度耗水行业所占比重将大幅上升,工业结构向节水型转变。

表 7-9 乌鲁木齐市工业内部结构调整　　　　(单位:%)

年份	城市中速发展			城市高速发展		
	低耗水行业	中耗水行业	高耗水行业	低耗水行业	中耗水行业	高耗水行业
2010	19.54	4.17	76.30	19.54	4.17	76.30
2015	18.55	12.56	68.88	26.05	16.31	60.13
2020	24.04	13.37	62.59	39.04	20.87	45.09
2025	29.52	14.19	56.29	52.02	25.44	30.04
2030	35.00	15.00	50.00	60.00	25.00	15.00

在城市中速发展情景下,低耗水行业的工业产值所占比例由 2010 年的 19.54% 上升到 2030 年的 35%,中耗水行业产值比例由 4.17% 上升到 15%,高耗水行业产值比例则由 76.30% 下降到 50%。城市高速发展情景下,低、中耗水行业产值比例分别上升到 60%、25%,高耗水行业产值比例则下降到 15%。乌鲁木齐市工业内部产业结构的调整,也带来工业用水定额的变化。若按照现在的工业结构发展,在采用节水新技术、提高工业用水重复利用率的情况下,到 2030 年乌鲁木齐市工业用水定额为 29.04m³/万元,经过产业结构的调整,加快低、中耗水行业的发展,而限制高耗水行业,到 2030 年,中、高速城市发展情景下工业用水定额分别降低到 19.80m³/万元、7.13m³/万元(表 7-10)。工业内部产业结构的调整和工业用水重复利用率的提高,将减缓工业用水总量的变化趋势。

表 7-10　乌鲁木齐市工业内部结构调整引起用水定额变化　　（单位：m³/万元）

年份	不同行业用水定额			调整前工业用水定额	调整后工业用水定额	
	低耗水行业	中耗水行业	高耗水行业		中速	高速
现状	1.38	6.66	65.37	50.11	—	—
2015	1.22	5.88	57.74	44.26	40.74	35.91
2020	1.03	4.99	48.92	37.50	31.54	23.35
2025	0.90	4.35	42.65	32.69	24.89	14.19
2030	0.80	3.86	37.89	29.04	19.80	7.13

3. 工业结构调整重点

乌鲁木齐市现已形成具有多种工业门类、一定生产规模和物质技术基础的工业体系，发展到工业化的后期阶段。但目前产业结构仍以重工业为主，主要集中在粗放型的资源型工业行业，工业生产力水平不高、发展潜力有限，低耗水、高产出的新兴产业发展相对薄弱。未来应根据区域工业结构调整的总体方向，重点发展低、中耗水的产业，而限制高耗水产业的发展。发展重点如下：

（1）限制食品饮料等高耗水行业的发展，重点发展装备制造、电子信息、风电装备制造等战略新兴产业和现代物流业等低耗水、低排放的产业类型，优化产业结构，提高用水效率，实现节水增效，形成优势产业多极发展的局面，最终构建适应节水型社会的产业结构。

（2）对石油、电子、机械、电力等乌鲁木齐市工业发展的主力行业，充分发挥比较优势，积极扶持，给予政策、资金、技术、信息等大力支持。加大技术更新改造力度，提高工艺水平，促进节能减耗，并依托原有基础，引导工业生产的合理布局，提高资源配置效率和利用效率，延长产品产业链，提高产品附加值，实现工业从数量增长型向质量增长型的转变。

（3）依托高新技术园区，有选择地发展高新技术产业，择优扶强，重点推进，增加工业技术含量。在电子及通信设备制造、办公设备制造、医疗设备及仪器仪表制造、现代生物技术、新医药、新能源和高效节能、环境保护等领域，培育一批具有自主知识产权、技术起点高、产品有竞争力、低耗水低耗能的高新技术企业集团和产业集群，以科技发展带动产业竞争力的提高。

（4）政府加大扶持力度，为工业发展营造良好的环境，努力提升产业竞争力。提供特殊的税收政策、财政投入政策、科技支持政策、出口优惠政策等，使乌鲁木齐市的工业得到快速健康发展,走出一条新型工业化之路。

7.3 乌鲁木齐市城市发展与水资源利用优化调整的对策

为促进乌鲁木齐市用水结构与产业结构的优化调整,实现水资源高效合理利用,保证优化模型建立的基本假设和主要调控参数满足要求,需要制定相应的对策。

7.3.1 控制人口增长,提高城市发展水平

遵循人口自然增长规律,通过稳定低生育水平和人口迁移水平,控制人口数量,使系统模型的人口子系统各系数按照给定方案进行,用水人口按照模拟结果实现缓慢增长。普及九年义务教育,大力发展中、高级专业技术学校的教育,不断提升知识水平较高的人员比例,使区域人口素质普遍达到较高水平,并把人才引进作为战略重点,实施人才强区战略,通过区域内的人才培养和区域外的人才引进,带动区域人口质量的整体提高,从而使区域产业结构向技术密集型和知识密集型转变。推动农业适度规模经营,加速农村剩余人口向非农产业转变,并加快农村劳动力市场体系与调控体系建设,规范城乡人口流动机制,促进人口合理流动。城市发展应该适当减缓经济发展速度,不以单纯的 GDP 增长为指标,而是通过产品的质量提高、技术的升级换代、高新技术的发展等为手段,提高乌鲁木齐市的工业化水平和城市发展水平,提升城市扩张的内在质量,保障城市发展的持续动力。

7.3.2 加强水利工程建设,确保区域供水

受水资源本底条件的限制和生态用水的约束,乌鲁木齐市供水总量不能无限制增长,因此,要求在不超过水资源承载力的条件下,使供水总量实现稳定增长。按照系统模型的设置,乌鲁木齐市的供水总量包括区域内供水和跨流域调水两部分,而区域内供水又分为地表水供给和地下水供给。为实现供水增长率按照模型给定的方案进行,保证区域的生态环境,应完善地表水供水工程的建设,适当提高地表水资源的开发利用率,并建设地下水位自动监测系统,严格控制地下水开采量。合理构建供水网络体系和布局水利工程,保证调水工程有效实施,重视和推行雨洪利用,大力推进污水处理及再生利用工程设施建设。改善供水水质,有效增加供水,提高供水保障程度,保障供水安全。社会经济的发展使乌鲁木齐市面临不可避免的需水增长,应转变供水观念,由"以需定供"变为"以供定需",通过科技进步

和产业结构调整,使需水总量得到一定的调控。

7.3.3　优先保证生活、生态用水,控制生产用水

按照用水结构优化模型,必须优先保证生态用水和生活用水,实现区域生态环境良性循环、生态系统持续高效、生活水平逐步提高。严格控制经济社会活动的用水总量、实施灌溉面积和农业用水量"双指标"控制、制止对水资源的过度开发,通过合理安排生活、生产和生态用水,增强对水资源的统筹调配能力(邓铭江等,2011)。加强生态建设和环境保护,维护绿洲生态环境,改变传统用水和放牧方式,最大限度恢复植被。调控林地、草地面积和农作物播种面积,发展生态农业,优化农业产业布局,实现农业产业化。发展灌区节水工程,压缩农业用水,使供水从农业灌溉转移到生态建设,保障生态用水,并抑制社会经济活动对水资源的过度消耗,保护和修复生态环境,寻求生态环境保护与社会经济发展相协调的可持续发展体系。

7.3.4　改变用水方式,提高节水水平

坚持建立节水型社会,大力推广先进实用的农业节水、工业节水和城市生活节水技术,对工业、农业实行计量用水。采取多种措施,降低用水定额,构建高效节水的社会经济发展模式,使经济按照一定速度稳定增长的同时,用水总量的增长得到控制。

加大节水宣传力度,改变"取之不尽,用之不竭"的用水观念,充分认识水资源的重要性,实现阶梯式水费模式,提高居民和企业的节水意识。依靠科技进步,建设高效节水防污的现代工、农业体系,提高工、农业节水水平。全面普及常规节水技术,大力推广高效节水技术,通过渠系防渗技术提高农业渠系水有效利用系数,通过喷灌、滴灌技术和田间节水技术降低灌水定额,实现节水增效。

改变浪费的用水模式和用水效率低下的现状,积极改进工业用水工艺,进行政策引导、经济扶持,挖掘重复水利用空间,促进工业企业改善生产工艺,改良生产装备,大力发展循环用水系统、外排废水回用技术和"零排放"等技术,不断提高工业企业水资源重复利用率,实现一水多用和循环复用。加速淘汰浪费水资源、污染水环境的落后生产工艺、技术、设备和产品,提高工业用水效率,降低与先进区域万元工业 GDP 用水量之间的差距,走科技含量高、经济效益好、水资源消耗低的新型工业化道路。

7.3.5　调整产业结构,优化产业布局

在稳定农业持续增长、加速工业发展进程、大力发展第三产业的同时,按水资源和水环境承载能力,优化产业结构,避免发展用水量大的产业,促使产业结构向高效节水型转变,实现产业结构优化升级和经济持续快速增长。

优化调整农业种植结构,实施"压粮调结构节水"工作和农业高效节水灌溉,以财政补贴农民方式置换用水,减少水田面积,增大畜牧业,促进农业生产方式的转变,进一步减少粮油作物的种植面积,以蔬菜等经济作物为主,大力发展节水农业,在农业用水减少的条件下保证农业的稳定发展,实现农产品由高产向高效节水转变。充分考虑水资源承载能力,科学调整工业结构和用水结构。充分利用区域丰富的农业资源,发挥以农牧产品为原料的轻工业优势,加大纺织、食品工业等支柱产业发展的力度。重点发展采掘业,保持化工工业的主导格局,淘汰和改造落后的高耗水工艺、设备和企业,严格限制高耗水、高污染企业的发展,优先发展机械、电子、高新技术等附加值高、耗水量低、污染小的技术密集型工业企业,提高工业经济总体效益和综合竞争力。结合产业结构优化升级,全面推行清洁生产,大力发展循环经济。

根据区域水资源条件和水环境承载能力,确定不同区域的产业发展方向与功能定位,优化产业布局。第二产业中的火电、纺织、石油化工、造纸、钢铁、机械制造等高耗水传统行业,应逐步迁出市中心,向水资源丰富的地区转移。提高第三产业在乌鲁木齐市国民经济中的比重,使其区域性国际商贸中心的辐射力不断增强。

第8章 结论与展望

8.1 主要研究结论

本书在全球城市发展进程加快诱发水危机、中国快速城市化面临水问题、西北干旱区城市发展面临严峻缺水挑战等大背景下,梳理了国内外城市发展、水资源开发利用及其相互关系的研究进展,选择乌鲁木齐市为干旱区绿洲城市的典型区域,探讨了城市发展与水资源开发利用的相互作用机理,分析了乌鲁木齐城市发展历程、水资源开发利用现状及面临的问题,以及城市发展与水资源开发利用的相互关系与影响机理,构建以水资源为主线的绿洲城市可持续发展系统模型,分析评价新疆典型绿洲城市的可持续发展状态,并构建系统仿真模型对未来城市发展与水资源利用进行多目标情景模拟,以此为基础对乌鲁木齐市城市发展模式与水资源开发利用模式进行优化选择。

主要研究结论如下:

(1)乌鲁木齐城市发展与水资源利用的动态演变。

新中国成立以来,乌鲁木齐市人口变化经历了快速增长、波动增长和平稳增长三个阶段,城镇人口增长迅速,人口城市化进程显著。经济持续快速增长,第一产业比重极低且持续下降,第二、第三产业产值增长迅速,三次产业结构得到优化。城市建成区面积不断扩张,尤其是 1995 年以后,空间城市化进程明显。但乌鲁木齐城市发展还存在产业发展不强、城市腹地过小、人才流失严重、水资源不足等问题。

乌鲁木齐市水资源以地表水为主,多年平均水资源量为 $11.20 \times 10^8 \mathrm{m}^3$。水资源开发率持续快速上升,地表水开发率总体处于 $30\% \sim 60\%$,地表水供给比例有所下降,地下水开采率超过了 100%,城市发展与水资源开发之间的矛盾加剧。城市供水能力显著增强,用水量也总体呈波动增长,1995 年为 $4.59 \times 10^8 \mathrm{m}^3$,2010 年增至 $10.89 \times 10^8 \mathrm{m}^3$,其中,农业用水比重最大,工业用水逐步增长。乌鲁木齐市水资源开发利用主要存在水资源供需不足、开发模式不合理、水环境恶化、水资源不合理利用和水资源管理不完善等问题,急需加强水资源的管理,实现其合理配置。

（2）乌鲁木齐城市发展与水资源利用的综合测度。

建立了适用于干旱区绿洲的城市发展与水资源利用综合评价体系,并构建了城市发展-水资源利用的综合评价模型、协调度模型和可持续发展状态模型,探讨乌鲁木齐城市发展与水资源利用的可持续发展状态。

乌鲁木齐城市发展综合水平基本逐年上升,其中,经济发展与人口增长是城市发展的主要形式,社会进步、空间扩张的影响相对较小。水资源开发利用潜力在波动中呈下降趋势,水资源本底条件是开发利用潜力的基础,水资源开发率的上升,尤其是地下水资源的严重超采,使开发程度大幅上升,水资源开发潜力相应下降。以工农业用水定额、水资源重复利用率为主要指标的水资源利用效率和以城市供水能力、污水处理能力为主要指标的水资源管理能力的提高有助于提升水资源开发潜力。

城市发展-水资源利用系统的协调度先升后降,呈倒 U 字形变化,城市发展和水资源系统的矛盾日渐突出。城市发展有效度持续上升,而水资源可承载度受水资源量年际变化的影响而波动下降,导致城市-水资源可持续发展水平的波动变化。2005 年以前乌鲁木齐市处于可持续发展水平较差状态,城市发展速度和质量受缺水影响较大;2006 年以后可持续发展水平向较好状态转变。

（3）乌鲁木齐城市发展与水资源利用的交互耦合。

城市人口增加、经济增长、产业结构变化和用地扩张,导致用水总量、用水水平、用水结构和用水效益的变化。用水总量、开发程度和用水效益随城市规模的扩张而呈周期性波动,随着城市综合规模的扩大,用水总量增加,但当城市集聚效应和规模效应有所体现时,将带来城市用水量的减少。产业结构的变化使用水结构发生变化,农业用水比重趋于下降,工业用水比重明显上升。城市发展带来用水效益的提高,单方水 GDP 从 1995 年的 13.63 元/m³ 上升到 2010 年的 27.89 元/m³,其中,第一产业用水效益远小于第二、第三产业。社会发展和经济增长,导致城市用水总量的增加和水资源开发利用程度的加大,而城市空间扩张和人口的增加,较大程度影响了城市用水效率。

水资源综合压力呈逐年上升趋势,水资源条件较差、人口快速增长及与发达地区用水定额的差距拉大,是乌鲁木齐市水资源压力增长的原因。水资源短缺很大程度影响城市规模的继续扩张和城市发展水平的继续提高。1998 年以前乌鲁木齐市的水资源条件能够支撑城市发展;1999 年以后处于中度缺水状态,出现周期性用水紧张;2005 年以后处于重度缺水,水资源持续短缺较大程度地阻碍了城市的发展。

水资源系统对城市发展系统属于较强约束。水资源本底条件、利用效率、城市经济发展和人口增长，是影响水资源系统对城市发展约束强度的重要因素。扩大城市规模、提高人口与产业的集聚和规模效应，加大节水技术以提高水资源利用效率，通过跨流域调水和促进污水回用，有助于减弱水资源对城市发展系统的约束作用。

（4）乌鲁木齐城市发展与水资源利用的多情景分析。

构建绿洲城市系统仿真模型，对城市发展的水资源需求和水资源约束下的城市发展进行多情景、多目标模拟。设置了高、中、低三种城市发展方案和现状供水、跨流域调水两种供水方案，以及现状用水、节水两种用水方案。

高、中、低三种城市发展方案下，到 2030 年，乌鲁木齐市总人口分别达 422.21 万人、320.94 万人和 279.42 万人，地区生产总值分别达 8895.62 亿元、2605.62 亿元和 1183.42 亿元，城市发展综合指数分别由 2010 年的 0.5637 上升到 0.9226、0.7115、0.6374。需水量的差异主要受城市发展方案和用水方案影响，供水总量由供水方案影响，现状用水方案下，2030 年高、中、低城市发展方案的需水总量将分别达 $53.80 \times 10^8 \mathrm{m}^3$、$23.58 \times 10^8 \mathrm{m}^3$、$15.31 \times 10^8 \mathrm{m}^3$，若采用节水方案，需水总量会有所减少，分别达 $45.30 \times 10^8 \mathrm{m}^3$、$20.32 \times 10^8 \mathrm{m}^3$、$13.46 \times 10^8 \mathrm{m}^3$。城市发展、供水、用水方案共同影响水资源供需差额。以现有用水方式，若不进行跨流域调水，甚至难以满足城市低速发展；预定的调水方案可以支撑城市低速发展，在中速情景下，2017 年开始缺水，采用节水措施后缺水将推迟到 2021 年；节水方案将推迟出现缺水，但仍难以满足社会经济高速增长的用水需求。

不同情景下水资源对城市发展系统均存在较强约束。适度扩大城市规模，加快城市的集聚与规模效应，采取节水技术以提高水资源利用效率，并通过跨流域调水和污水回用提高区域的供水能力，是减弱水资源对城市发展约束作用的有效途径。但若按照现有产业结构发展，难以满足城市发展的需求，有必要进行产业结构调整与用水结构优化。

（5）乌鲁木齐城市发展与水资源利用的优化调控。

以调水方案下的供水总量为前提条件，利用系统仿真模型，探讨了满足国民经济发展需要的增长速度和用水总量基本稳定的双重目标下，乌鲁木齐市用水结构与产业结构的优化调整，选择了适宜的城市发展模式和水资源调配模式。

为保持区域水资源供需平衡，优化用水结构，适当提高生态用水和生活用水比例，对生产用水结构进行调控，减少农业用水比例，将其转移到生态用水和生活用水，控制工业用水的快速增长，生产用水总量的变化保持平稳。农业用水的减少主要是灌溉用水减少,林地、草地、牲畜用水变化不大,但所占比重有所上升。

基于用水结构的变化,未来乌鲁木齐市第一产业比例继续下降,第二、第三产业产值持续快速增长。农业内部的产业结构调整,表现为牧、渔和林业比重的逐渐提高和种植业产值比重的下降,在种植业中蔬菜种植面积有所增加,其他农作物播种面积则稳步下降。工业用水的优化调控主要从产业结构调整入手,限制高耗水产业的发展,发展低耗水、低污染的高新技术产业,提高低、中耗水行业的产值比重,使工业用水定额下降,进而控制工业用水总量的增长。

提出城市发展与水资源利用优化调整的对策建议,包括控制人口增长、提高城市发展水平、加强水利工程建设、确保区域供水、优先保证生活生态用水、控制生产用水、改变用水方式、提高节水水平、调整产业结构、优化产业布局等。

8.2　讨论与展望

(1)本书所需的社会经济数据来源于历年乌鲁木齐市统计年鉴和新疆统计年鉴,水资源数据来源于乌鲁木齐水资源公报。由于水资源相关数据的收集困难,为保证城市发展系统与水资源系统的时序统一,书中仅采用了1995～2010年的历史数据,时间序列相对较短,对城市演变过程与水资源开发利用规律的提炼总结具有一定限制。

(2)乌鲁木齐市的水资源开发利用数据以流域单元进行统计,而社会经济数据以行政单元进行统计,区域划分的不统一,限制了城市发展与水资源利用的空间分析。2007年米泉市并入乌鲁木齐市,行政区划的调整为数据整理带来了困难,处理中部分数据的缺失,可能影响分析结果的准确度。如果能够收集到相应的数据,继续深入探讨乌鲁木齐城市发展与水资源利用相互关系的内部区域差异,将有助于区域内用水结构的优化调整和产业结构的优化布局。

(3)城市发展系统与水资源开发利用系统的相互作用机制极其复杂,系统之间及各子系统之间的联系,难以用数学模型进行准确表达。本书对乌鲁木齐城市发展与水资源利用的仿真模型与优化模型进行定量描述,只能做到相对精确,仍需要进一步改进和完善。各项参数的设置非常关键,但由于掌握的材料及知识面的限制,设置的参数可能与实际情况有一定的出入。

(4)建立城市发展与水资源利用的系统仿真模型时,出于模型简化的需要,为排除难以确定的因素,提出了一些假设条件。假设区域多年平均径流量受自然条件变化影响较小并相对保持稳定,水资源调入调出量基本确定,水资源供需平衡分析中以多年平均情况为基础。如果能加入气候条件变化对水资源变化模拟预测的模型,使水资源供给更符合实际,将有效提高模型精度。假设土地资源保持不变,包括林地、草地面积及其用水量保持不变,这简化了系统模型,但导致模拟结果仅仅是理论值,与实际情况有一定差异。如果考虑生态环境系统的变化,结合区域相关领域的规划,引入林地、草地面积等的变化情景,将提高模拟结果的实用性。假定工农业系统均采用一定的节水技术,工业用水重复利用率、工业用水定额和灌溉用水定额按照一定规律平稳变化,但设定用水定额的变化时,缺乏必要的支撑依据。如果具体分析工农业各项节水措施,使用水定额的变化更符合实际,将提高系统模拟的准确性。

(5)对不同城市发展情景与水资源供给、利用方案下的水资源供需差额进行模拟,各种情景下均出现不同程度的水资源缺口。选择调水-节水情景下的水资源利用方案,对城市中速、高速发展要求下的用水结构和产业结构调整,是探讨现有水资源条件下,满足城市发展速度需求的重要尝试。但是,农业结构的调整与农业用水的压缩,没有充分考虑乌鲁木齐市未来农业发展的趋势。在工业结构调整中,因为缺少乌鲁木齐市工业各行业的用水定额,因此,仅仅简单讨论了低、中、高三种不同耗水程度行业的比例划分,无法具体到各个行业,这可能与乌鲁木齐市未来工业发展的要求与趋势有所差异。若数据与资料支持,在下一步工作中可更为详细的探讨水资源总量限制下乌鲁木齐市产业结构的优化调整,为区域未来发展提供实际的指导意义。

参 考 文 献

白永平.2004.区域工业化与城市化的水资源保障研究[M].北京:科学出版社.

包存宽,尚金城,陆雍森.2001.西部开发中水资源利用可持续性评价[J].水科学进展,12(4): 530-534.

鲍超.2004.黑河流域用水结构与产业结构的双向优化调控研究[D].北京:中国科学院研究生院硕士学位论文.

鲍超.2007.干旱区城市化进程中的水资源约束力研究[D].北京:中国科学院研究生院博士学位论文.

鲍超.2009.新疆与中亚邻国水资源开发对城市化和生态环境的影响机理研究[R].中国科学院博士后研究工作报告.

鲍超,方创琳.2006.水资源约束力的内涵、研究意义及战略框架[J].自然资源学报,21(5):844-852.

鲍超,方创琳.2007.西北干旱区水资源约束城市化进程的定量辨识——以甘肃省武威、张掖市为例[J].中国沙漠,27(4):704-710.

鲍超,方创琳.2008.干旱区水资源对城市化约束强度的时空变化分析[J].地理学报,63(11): 1140-1150.

鲍超,方创琳.2009.干旱区水资源对城市化约束强度的情景预警分析[J].自然资源学报,24 (9):1509-1519.

蔡文春.2006.新疆区域经济协调发展分析及空间模式选择[D].中国科学院研究生院硕士学位论文.

陈波翀,郝寿义,杨兴宪.2004.中国城市化快速发展的动力机制[J].地理学报,159(6): 1068-1075.

陈彩苹,楚新正,张素红.2003."九五"期间乌鲁木齐产业结构变动及发展分析[J].地理学报,22 (4):48-53.

陈家琦,刘昌明.1997.水与可持续发展——定义与内涵[J].水科学进展,8(4):377-384.

陈敏建,王浩,王芳,等.2004.内陆河干旱区生态需水分析[J].生态学报,24(10):2136-2142.

陈明星,陆大道,张华.2009.中国城市化水平的综合测度及其动力因子分析[J].地理学报,64 (4):387-398.

陈守煜.2001.区域水资源可持续利用评价理论模型与方法[J].中国工程科学,3(2):33-38.

陈曦,罗格平.2008.干旱区绿洲生态研究及其进展[J].干旱区地理,31(4):487-495.

陈曦,秦艳芳,周可法.2009.新疆水资源开发和优化配置研究[J].中共乌鲁木齐市委党校学报,4:16-18.

陈永金,陈亚宁,李卫红,等.2006.塔里木河下游输水条件下浅层地下水化学特征变化与合理生态水位探讨[J].自然科学进展,16(9):1130-1137.

成立,刘昌明.2000.水资源及其内涵的研究现状和时间维的探讨[J].水科学进展,11(2):
153-158.

程国栋.2003.虚拟水——中国水资源安全战略的新思路[J].中国科学院院刊,4:260-265.

程国栋,赵传燕.2006.西北干旱区生态需水研究[J].地球科学进展,21(11):1101-1108.

崔振才,田文苓.2002.区域水资源与社会经济协调发展评价指标体系研究[J].河北工程技术
高等专科学校学报,1:15-19.

邓铭江,李湘权,龙爱华,等.2011.支撑新疆经济社会跨越式发展的水资源供需结构调控分析
[J].干旱区地理,34(3):379-390.

董林.2006.城市可持续发展与水资源约束研究[D].江苏:河海大学硕士学位论文.

董雯,张小雷,雷军,等.2006.新疆小城镇人口规模预测[J].干旱区地理,29(3):427-430.

杜宏茹,张小雷.2005.近年来新疆城镇空间集聚变化研究[J].地理科学,25(3):268-273.

樊自立.1993.塔里木盆地绿洲形成与演变[J].地理学报,48(5):421-427.

樊自立.1996.新疆土地开发对生态环境影响及对策研究[M].北京:气象出版社.

樊自立,艾力西尔·库尔班,王亚俊,等.2006.新疆人工灌溉绿洲的形成和发展演变[J].干旱
区研究,23(3):410-418.

樊自立,马英杰,艾力西尔·库尔班,等.2004.试论中国荒漠区人工绿洲生态系统形成演变和
可持续发展[J].中国沙漠,24(1):10-16.

方创琳.2000.区域发展规划论[M].北京:科学出版社.

方创琳.2002.河西地区新世纪人地系统优化与经济可持续发展的产业重点[J].中国沙漠,22
(1):75-81.

方创琳,黄金川,步伟娜.2004.西北干旱区水资源约束下城市化过程及生态效应研究的理论探
讨[J].干旱区地理,27(1):1-7.

方创琳,李铭.2004.水资源约束下西北干旱区河西走廊城市化发展模式[J].地理研究,23(6):
825-832.

方创琳,毛汉英.1999.区域发展规划指标体系建立方法探讨[J].地理学报,54(5):410-419.

方创琳,乔标.2005.水资源约束下西北干旱区城市经济发展与城市化阈值[J].生态学报,25
(9):2413-2422.

方创琳,孙心亮.2006.基于水资源约束的西北干旱区城镇体系形成机制及空间组织——以河
西走廊为例[J].中国沙漠,26(5):860-867.

方国华,钟淋涓,毛春梅.2004.水污染经济损失计算方法述评[J].水利水电科技进展,24(3):
54-56.

冯尚友,刘国全.1997.水资源持续利用的框架[J].水科学进展,8(4):301-307.

高云福.1998.城市化发展与水系统的演变[J].城市勘测,3:5-8.

国家计委宏观经济研究院课题组.2001.北方地区工业产业结构与布局发展趋势研究(北方地
区水资源总体规划(第一阶段)研究专题)[R].北京:国家计划委员会,254-264.

郭磊,张士峰.2004.北京市工业用水节水分析及工业产业结构调整对节水的贡献[J].海河水利,3:55-58.

海热提·吐尔逊,叶文虎,蒙雪琰,等.2000.乌鲁木齐可持续城市发展战略研究[J].中国人口资源与环境,10(4):74-77.

韩宇平,阮本清.2002.中国区域发展的水资源压力及空间分布[J].四川师范学院学报(自然科学版),23(3):219-224.

胡泊.2009.吉林省城市化发展与水资源可持续利用研究[D].吉林大学博士学位论文.

贾绍凤,张军岩,张士锋.2002.区域水资源压力指数与水资源安全评价指标体系[J].地理科学进展,21(6):538-545.

贾绍凤,张士锋,王浩.2003.用水合理性评价指标探讨[J].水科学进展,14(3):260-264.

贾绍凤,张士锋,杨红,等.2004a.工业用水与经济发展的关系:用水库兹涅茨曲线[J].自然资源学报,19(3):279-284.

贾绍凤,周长青,燕华云,等.2004b.西北地区水资源可利用量与承载能力估算[J].水科学进展,15(6):801-807.

金东海,谷树忠,沈镭.2004.城市化发展的营力系统分析——兼论我国城市化影响因子与可持续城市化战略选择[J].中国人口·资源与环境,14(2):59-64.

金菊良,张礼兵,魏一鸣.2004.水资源可持续利用评价的改进层次分析法[J].水科学进展,15(2):227-232.

阚耀平.2001.近代新疆城镇形态与布局模式[J].干旱区地理,24(4):321-326.

郎一环,王礼茂.2002.短缺资源类型与供需趋势分析[J].自然资源学报,17(4):409-414.

雷军,鲁奇,张敬东,等.2004.新疆小城镇发展与农村城镇化研究[J].中国人口资源与环境,71(4):85-90.

雷社平,解建仓.2004.区域产业用水系统的协调度分析[J].水利学报,(5):15-19.

李爱军,谈志浩,陆春锋,等.2004.城市化水平综合指数测度方法探讨——以江苏无锡市、泰州市为例[J].经济地理,24(1):43-47.

李春华,张小雷,王微.2003.新疆城市化过程特征与评价[J].干旱区地理,26(4):96-402.

李晶,宋守度.2003.水权与水价——国外经验研究与中国改革方向探讨[M].北京:中国发展出版社.

李培祥.2008.广东人口城市规模与土地城市规模关系研究[J].安徽农业科学,36(29):12955-12958.

李世明,程国栋.2002.河西走廊水资源合理利用与生态环境保护[M].郑州:黄河水利出版社.

李小彬.2008.武汉市经济与环境发展协调度分析[J].湖南工业大学学报(社会科学版),13(1):63-65.

李晓玲.2011."十二五"时期新疆乌鲁木齐人口自然增长率控制在7‰[C]//亚心网.http://news.iyaxin.com/content/2011-03/17/content_2587703.htm

李新虎,宋郁东,李岳坦,等.2007.湖泊最低生态水位计算方法研究[J].干旱区地理,30(4):526-530.

李艳红,楚新正,封海宁.2006.水资源约束下的乌鲁木齐绿洲城市发展模式研究[J].新疆师范大学学报(自然科学版),25(3):112-117.

李永根.2004.河北省现实及中长期缺水损失评价[J].河北水利水电技术,3:7-10.

梁勇.2005.西北地区城市化进程与水资源可持续利用研究[D].北京:中国科学院研究生院博士学位论文.

刘宝勤,封志明,姚治君.2006.虚拟水研究的理论、方法及其主要进展[J].资源科学,28(1):120-127.

刘昌明,陈志恺.2001.中国水资源现状评价和发展趋势分析[M].北京:中国水利水电出版社.

刘昌明,王红瑞.2003.浅析水资源与人口、经济和社会环境的关系[J].自然资源学报,18(4):635-644.

刘海隆,包安民,陈曦,等.2008.新疆交通可达性对区域经济的影响分析[J].地理学报,63(4):428-436.

刘恒,耿雷华,陈晓燕.2003.区域水资源可持续利用评价指标体系的建立[J].水科学进展,14(3):265-270.

刘卫东,樊杰,周成虎,等.2003.中国西部开发重点区域规划前期研究[M].北京:商务印书馆.

刘卫东,陆大道.1993.水资源短缺对区域经济发展的影响[J].地理科学,13(1):9-16.

刘耀彬,李仁东,宋学锋.2005.中国区域城市化与生态环境耦合的关联分析[J].地理学报,60(2):237-247.

刘毅,贾若祥,侯晓丽.2005.中国区域水资源可持续利用评价及类型划分[J].环境科学,26(1):42-46.

刘渝琳.1999.我国可持续发展指标体系的设计和评价方法探索[J].生态经济,18(6):17-20.

龙腾锐,姜文超.2003.水资源(环境)承载力研究进展[J].水科学进展,14(2):249-253.

陆大道,叶大年,姚士谋,等.2007.采取综合措施遏制冒进式城镇化和空间失控趋势[J].科学新闻,(8):4-9.

吕宾,张小雷.2002.新疆城市化与经济发展协调性分析[J].干旱区地理,25(2):189-193.

毛汉英.1991.咸海危机的起因与解决途径[J].地理研究,10(2):76-84.

梅虎.2008.西藏交通社会效益评价及优化研究[J].地理科学,28(2):205-209.

门宝辉,梁川.2002.属性识别方法在水资源系统可持续发展程度综合评价中的应用[J].浙江大学学报(农业与生命科学版),28(6):675-678.

蒙荫莉.2004.中国综合城市化水平的测度研究[J].南方经济,5:55-57.

潘峰,梁川,王志良,等.2003.模糊物元模型在区域水资源可持续利用综合评价中的应用[J].水科学进展,14(3):271-275.

钱正英,沈国舫,潘家铮.2004.西北地区水资源配置生态环境建设和可持续发展战略研究(综合卷)[M]. 北京:科学出版社.

乔标,方创琳,黄金川.2006. 干旱区城市化与生态环境交互耦合的规律性及其验证[J]. 生态学报,26(7):2183-2190.

仇保兴.2004. 国外城市化的主要教训[J]. 城市规划,28(4):8-12.

曲耀光.1995. 甘肃河西走廊地区的水与绿洲[J]. 干旱区资源与环境,9(3):119-124.

任旺兵.1995. 干旱区城镇发展的理论探讨——以新疆为例[J]. 干旱区地理,18(2):90-95.

邵波,陈兴鹏.2005. 中国西北地区经济与生态环境协调发展现状研究[J]. 干旱区地理,28(1):136-141.

施雅风,曲耀光.2000. 乌鲁木齐河流域水资源承载力及其合理利用[M]. 北京:中国环境科学出版社.

司志明.2000. 对西北地区水利发展战略的初步探讨[J]. 中国水利报,10-31(4).

宋建军,张庆杰,刘颖秋.2004.2020 年我国水资源保障程度分析及对策建议[J]. 中国水利,(9):14-18.

宋松柏,蔡焕杰,徐良芳.2003. 水资源可持续利用指标体系及评价方法研究[J]. 水科学进展,14(5):647-652.

谈树成,薛传东.2001. 城市化进程中地下水资源的可持续利用分析[J]. 中国人口·资源与环境,(51):8-9.

唐宏,杨德刚,乔旭宁,等.2009. 天山北坡区域发展与生态环境协调度评价[J]. 地理科学进展,28(5):805-813.

汪恕诚.2003a. 建设节水型社会工作要点[J]. 中国水利,21:6-7.

汪恕诚.2003b. 资源水利——人与自然和谐相处[M]. 北京:中国水利水电出版社.

汪秀丽.2007. 河流生态流量浅论[J]. 水利电力科技,33(1):20-29.

王本德,于义彬,王旭华,等.2004. 考虑权重折衷系数的模糊识别方法及在水资源评价中的应用[J]. 水利学报,(1):6-10.

王芳,王浩,陈敏建,等.2002. 基于遥感和地理信息系统技术的区域生态需水计算及分析[J]. 自然资源学报,17(2):129-137.

王浩,秦大庸,王建华,等.2003. 区域缺水状态的识别及其多维调控[J]. 资源科学,25(6):2-7.

王浩,秦大庸,王建华,等.2004a. 西北内陆干旱区水资源承载能力研究[J]. 自然资源学报,19(2):151-159.

王浩,汪党献,倪红珍,等.2004b. 中国工业发展对水资源的需求[J]. 水利学报,4:109-113.

王慧.1997. 区域城市化发展水平的综合分析[J]. 地理学与国土研究,13(4):14-20.

王建华,江东.1999. 基于 SD 模型的干旱区城市水资源承载力预测研究[J]. 地理学与国土研究,15(2):18-22.

王其藩.1994. 系统动力学[M]. 北京:清华大学出版社.

王其藩.1995. 高级系统动力学[M]. 北京:清华大学出版社.

王世江.2006. 新疆干旱区水资源可持续利用配置研究[J]. 水利经济,24(2):4-6,16.

王兮之,葛剑平.2004.40 多年来塔南策勒绿洲动态变化研究[J]. 植物生态学报,28(3):
    369-375.

王小鲁.2000. 中国经济增长的可持续性与制度变革[J]. 经济研究,7:3-15.

王晓青.2002. 中国水资源短缺地域差异研究[J]. 自然资源学报,16(6):516-520.

王晓愚,迟道才,张志新.2004. 新疆灌溉用水定额分区初步研究[J]. 沈阳农业大学学报,35
    (3):263-266.

王新文.2002. 城市化发展的代表性理论综述[J]. 济南市社会主义学院学报,1:25-29.

王亚俊,焦黎.2000. 中国绿洲分区及其基本类型[J]. 干旱区地理,23(4):344-349.

王永兴,陈曦.2003.GIS 支撑下的干旱区水资源及其利用的空间分异研究[J]. 干旱区地理,26
    (2):110-115.

王煜,杨立彬,张新海,等.2001. 西北地区水资源承载能力研究[J]. 水科学进展,12(4):
    523-529.

温琰茂,柯雄侃,王峰.1999. 人地系统可持续发展评价体系与方法研究[J]. 地球科学进展,14
    (1):51-54.

文俊,王龙,李靖.2006. 区域水资源可持续利用预警系统研究进展[J]. 云南农业大学学报,21
    (3):360-364.

吴季松.1999. 为可持续发展提供水资源保障[J]. 中国水利,6:16-21.

吴佩林.2005. 中国城市化进程中的水资源保障研究[D]. 北京:中国科学院研究生院博士学位
    论文.

夏军.2002. 华北地区水循环与水资源安全:问题与挑战[J]. 地理科学进展,21(6):517-526.

徐国昌.1997. 水资源与城市发展[J]. 城市发展研究,3:46-47.

徐建华.2002. 现代地理学中的数学方法[M]. 北京:高等教育出版社.

徐世龙.2000. 可持续发展定量评价指标体系的构想[J]. 统计与信息论坛,15(1):7-14.

徐中民.1999. 情景基础的水资源承载力多目标分析理论及应用[J]. 冰川冻土,21(2):99-106.

徐中民,龙爱华.2004. 中国社会化水资源稀缺评价[J]. 地理学报,59(6):982-988.

徐中民,龙爱华,张志强.2003. 虚拟水的理论方法及在甘肃省的应用[J]. 地理学报,58(6):861-
    869.

许光清,邹骥.2006. 系统动力学方法:原理、特点与最新进展[J]. 哈尔滨工业大学学报(社会科
    学版),15(2):72-77.

许学强,周一星,宁越敏.2001. 城市地理学[M]. 北京:高等教育出版社.

许有鹏.1993. 干旱区水资源承载能力综合评价研究——以新疆和田河流域为例[J]. 自然资源
    学报,8(3):229-237

薛小杰,惠泱河,黄强,等.2000. 城市水资源承载力及其实证研究[J]. 西北农业大学学报,28
    (6):135-139.

雪克莱提·扎克尔.2007.乌鲁木齐城市发展战略研究[D].天津:天津大学硕士学位论文.

杨德刚,倪天麒,李新.2001.新疆绿洲经济规棋与结构对可持续发展的影响[J].干旱区地理,
　　24(3):206-211.

杨发相,穆桂金,岳健,等.2006.干旱区绿洲的成因类型及演变[J].干旱区地理,29(1):70-75.

杨宇,刘毅,金凤君,等.2012a.塔里木河流域绿洲城镇发展与水土资源效益分析[J].地理学
　　报,67(2):157-168.

杨宇,刘毅,金凤君,等.2012b.天山北坡城镇化进程中的水土资源效益及其时空分异[J].地理
　　研究,31(7):1185-1198.

杨志峰,崔保山,刘静玲,等.2003.生态环境需水量理论、方法与实践[M].北京:科学出版社.

于开宁,娄华君.2004.城市化诱发地下水补给增量的机理分析[J].资源科学,26(2):68-73.

占车生,夏军,丰华丽,等.2005.河流生态系统合理生态用水比例的确定[J].中山大学学报(自
　　然科学版),44(2):121-124.

张芳芳,高志刚.2011.基于SSM的乌鲁木齐市工业结构与竞争力变动分析[J].新疆财经大学
　　学报,1:10-14.

张光辉,陈树娥,费宇红,等.2003.海河流域水资源紧缺属性与对策[J].水利学报,10:
　　113-118.

张华,张勃,Peter Verburg.2007.不同水资源情景下干旱区未来土地利用/覆盖变化模拟——以
　　黑河中上游张掖市为例[J].冰川冻土,29(3):397-405.

张竟竟.2010.新疆农业优势分析及主导产业选择[J].湖北农业科学,49(5):1260-1262.

张宁.2005.中亚国家的水资源合作[J].俄罗斯中亚东欧市场,10:29-35.

张同升,梁进社,宋金平.2002.中国城市化水平测定研究综述[J].城市发展研究,9(2):36-41.

张雅君,刘全胜.2002.城市需水量长期预测中的水资源约束问题[J].中国给水排水,18(5):26-
　　27.

张豫芳.2010.基于系统动力学方法的流域社会经济与用水结构双向优化研究[D].北京:中国
　　科学院研究生院博士学位论文.

张仲伍,杨德刚,张小雷,等.2011.绿洲城市综合规模与水资源相互作用关系研究——以乌鲁
　　木齐为例[J].中国沙漠,31(2):536-542.

赵松乔.1987.人类活动对西北干旱地区地理环境的作用[J].干旱区地理,10(1):1-9.

赵雪雁,林曼曼.2007.城市化与西北地区居民生活质量的互动关系分析[J].干旱区资源与环
　　境,(2):1-4.

赵元笃.2003.对城市化内涵的再认识[J].乐山师范学院学报,18(8):92-94.

郑宇,冯德显.2002.城市化进程中水土资源可持续利用分析[J].地理科学进展,21(3):
　　223-229.

钟华平.1996.城市化对水资源的影响[J].世界地质,4:49-55.

周一星.1995.城市地理学[M].上海:商务印书馆.

朱军伟.2007.乌鲁木齐市水资源对城镇发展的促进与胁迫研究[D].北京:中国科学院研究生院硕士学位论文.

朱一中.2004.西北地区水资源承载力理论与方法研究[D].北京:中国科学院研究生院博士学位论文.

朱一中,夏军,谈戈.2002.关于水资源承载力理论与方法的研究[J].地理科学进展,21(2):180-188.

朱一中,夏军,谈戈.2003.西北地区水资源承载力分析预测与评价[J].资源科学,25(4):43-48.

朱照宇,黄宁生,欧阳婷萍.2003.可持续发展中水资源压力原因分析[J].科技通报,19(4):265-268.

左其亭,陈曦.2003.面向可持续发展的水资源规划管理[M].北京:中国水利水电出版社.

左其亭,周可法,夏军,等.2006.干旱区流域可持续水资源管理量化研究方法及应用[J].中国科学(D辑),36(增刊Ⅱ):9-14.

Adil A R. 1999. Integrated water resources management (IWRM):an approach to face the challenges of the next century and to avert future crises[J]. Desalination,124 (1-3):145-153.

Atef A,Rakad T. 2003. Influence of urbanization on water quality deterioration during drought periods at South Jordan[J]. Journal of Arid Environments,53(4):619-630.

Beate K,Uwe H. 2002. Impact of land use changes on water dynamics:a case study in temperate meso and macroscale river basins[J]. Physics and Chemistry of the Earth,27(9-10):619-629.

Bernardo D J,Mapp H P,Sabbagh G L,et al. 1993a. Economic and environmental impacts of water quality protection policies 1:frame work for regional analysis[J]. Water Resources Research,29(9):3069-3080.

Bernardo D J,Mapp H P,Sabbagh G L,et al. 1993b. Economic and environmental impacts of water quality protection policies 2:application to the central high plains[J]. Water Resources Research,29(9):3081-3091.

Bertrand K J,Barraud S,Chacat B. 2000. Need for improved methodologies and measurements for sustainable management of urban water systems[J]. Environmental Impact Assessment Review,20(3):323-331.

Capello R,Faggian A. 2002. An economic-ecological model of urban growth and urban externalities:empirical evidence from Italy[J]. Ecological Economics,40(2):181-198.

Caroline S. 2002. Calculating a Water Poverty Index[J]. World Development,30(7):1195-1210.

Chenery H B,Syrquin M. 1988. 发展的型式[M]. 李新华等译. 北京:经济科学出版社.

Cheng J Q,Masser I. 2003. Urban growth pattern modeling:a case study of Wuhan city,PR China [J]. Landscape and Urban Planning,62(4):199-217.

Dandy G. 1992. Assessing the economic cost of restrictions on outdoor water use[J]. Water Resources Research,28(7):1759-1766.

Emrich G H. 1994. Water resources needs an development in a post-industrial society[C]//Geological Society of America,Seattle annual meeting,Washington,USA,24-27.

Eran F,Jonathan C. 2002. Water poverty:towards a meaningful indicator[J]. Water Policy,4(3): 263-281.

Fitzhugh T W,Richter B D. 2004. Quenching urban thirst:growing cities and their impacts on freshwater ecosystems[J]. Bioscience,54(8):741-754.

Jenerette G D,Larsen L. 2006. A global perspective on changing sustainable urban water supplies [J]. Global and Planetary Change,50(3-4):202-211.

Lewis W A. 1989. 二元经济论[M]. 施炜等译. 北京:北京经济学院出版社.

Martin H,Noah C G,Keith C C. 2003. The spatiotemporal form of urban growth:measurement, analysis and modeling[J]. Remote Sensing of Environment,86(3):286-302.

Matondo J I. 2002. A comparison between conventional and integrated water resources planning and management[J]. Physics and Chemistry of the Earth,27(11-12):831-838.

McGee T G. 1991. The emergence of desakota regions in Asia:Expending a hypothesis[C]//The extended metropolis:settlement transition in Asia. Honnolulu:University of Hawaii Press.

Merrett S. 1997. Introduction to the economics of water resources:An international perspective [M]. London:University College London Press.

Mwendera E J,Hazelton D,Nkhuwa D,et al. 2003. Overcoming constraints to the implementation of water demand management in southern Africa[J]. Physics and Chemistry of the Earth,28 (20-27):761-778.

Nicole C,Reid D K,Rob C L. 2005. Closing the circle:linking land use planning and water management at the local level[J]. Land Use Policy,22(2):115-127.

Northam R M. 1975. Urban geography[M]. New York:John Wiley & Son.

Ruth M D,Paul P A. 2001. Urbanization and Intersectoral Competition for Water[J]. Urbanization and Water,27-51.

Salman M A. 2002. Inter-states water disputes in India:an analysis of the settlement process[J]. Water Policy,4(3):223-237.

Savenije H H G. 2000. Water scarcity indicators:the deception of the numbers[J]. Physics and Chemistry of the Earth,25(3):199-204.

Shangguan Z P,Shao M,Horton R,et al. 2002. A model for regional optimal allocation of irrigation water resources under deficit irrigation and its applications[J]. Agricultural Water Management,52(2):139-154.

Xia J,Chen Y D. 2001. Water problems and opportunities in hydrological Sciences in China[J]. Hydrological Science Journal,46(6):907-921.